A alegria vem pela manhã

TOMMY TENNEY

A alegria vem pela manhã

Como transformar uma noite ruim em um dia bom

Tradução
Virgínia Falcão

LAROUSSE

Título do original: *The ultimate comeback - How to turn a bad night into a good day*

Todas as citações bíblicas foram extraídas da Nova Versão Internacional
da Sociedade Bíblica Internacional

Edição brasileira

Gerente editorial	*Solange Monaco*
Editor	*Isney Savoy*
Assitente editorial	*Soraya Leme*
Preparação de texto	*Patrícia Murari*
Revisão	*Denise Alexandrini e Maria Aiko Nishijima*
Foto da capa	*Agata Urbaniak*
Adaptação de capa e diagramação	*Bruna Lis Bortolotto*
Produção gráfica	*Marcelo Almeida*

Dados Internacionais de Catalogação na Publicação (CIP)
(Câmara Brasileira do Livro, SP, Brasil)

Tenney, Tommy
A alegria vem pela manhã : como transformar uma noite ruim num dia bom / Tommy Tenney ; tradução Virgínia Falcão. -- São Paulo : Larousse do Brasil, 2008.

Título original: The ultimate comeback.
ISBN 978-85-7635-356-0

1. Consolação - Aspectos religiosos - Cristianismo 2. Sofrimento - Aspectos religiosos - Cristianismo I. Título.

08-07021 *CDD-248.86*

Índices para catálogo sistemático:
1. Consolação : Guias de vida cristã 248.86

1ª edição brasileira: 2008
Direitos de edição em língua portuguesa, para o Brasil, adquiridos por Larousse do Brasil Participações Ltda.

Av. Profa. Ida Kolb, 551 - 3º andar - São Paulo - SP - CEP 02518-000
Tel.: 55 11 3855-2290 / Fax: 55 11 3855-2280
E-mail: info@larousse.com.br
www.larousse.com.br

Para aqueles que provaram que você pode voltar.
Para Lisa, Marvin e Jim.
Para Randy, Mike, Charles, Dennis, J. D., Paulo e outros como eles.

Agradecimentos

Algumas linhas em uma página não são suficientes para demonstrar a profundidade da gratidão que devo aos meus professores.

Alguns deles são homens e mulheres comuns que nem sequer sabem que estavam me ensinando enquanto eu os observava.

Outros são amigos extraordinários e seguidores.

A eles eu devo minha mais profunda gratidão.

Como "ferro amola ferro", nossas conversas desafiaram meus pensamentos e fizeram este livro nascer.

Meus agradecimentos especiais para Jentzen Franklin, Phil Munsey, Perry Stone e Edward Miller. E como sempre, a Larry Walker.

Conteúdo

Capítulo 1

Você está demitido!

Alguma vez você já teve um dia ruim? Você pode até ter tido uma semana ruim! Talvez um mês ruim! Ou, o céu nos ajude, um ano ruim! Algumas destas estações turbulentas da vida começam com frases como:

"É câncer!"

"Você está demitido!"

"Eu quero o divórcio."

"Com seus antecedentes, ninguém vai contratá-lo."

"Fizemos tudo o que foi possível... não há esperança..."

"Se você não conseguir realizar o pagamento, executaremos
a hipoteca de sua casa."

"Eu o odeio. Nunca mais quero falar com você novamente!"

Declarações como estas podem liberar seus piores medos nos momentos em que você mais precisa ter fé. Ironicamente, é quando as coisas o fazem sentir mais desesperança que você precisa de mais esperança. É difícil ter coragem para enfrentar o futuro quando se sente como uma planta que foi arrancada pelas raízes e deixada secando.

Se você está vivo e respirando, em um momento ou outro você sofrerá perdas ou enfrentará uma crise esmagadora. As perdas são parte da vida e acontecem com todos nós de uma forma ou outra.

E é muito mais difícil lidar com perdas injustificadas! O que você faz quando a vida parece injusta? Como você pode responder e esperar pela restauração quando os sonhos e aspirações saíram de seu alcance?

Sem entrarmos em muita teologia, deixe-me assegurar-lhe que as más notícias podem bater à sua porta mesmo quando você está certo perante Deus. Vou lhe dar apenas um nome – Jó.

O que você faz quando más notícias têm de fazer fila para falar com você?

As más notícias surgem tão rapidamente para Jó que os mensageiros do juízo têm de fazer fila à sua porta. Ainda assim, apesar de tudo, Jó consegue seguir de tal forma que Deus o louva e o abençoa por isso.

O livro bíblico que leva o seu nome descreve a longa lista de problemas, tragédias e calamidades de Jó e como ele sobreviveu a tudo isso. Começa com o simples anúncio de que Jó "Era homem íntegro e justo; temia a Deus e evitava fazer o mal"[1].

Isso significava que todas as calamidades e eventos tristes na vida de Jó não eram necessariamente culpa dele – mesmo que assim parecessem. Ele estava passando pela vida como o homem mais rico do mundo e foi abençoado com uma esposa feliz, uma grande família, uma criação, terras e negócios de agricultura prósperos. As coisas pareciam melhorar a cada dia. Então, o chão ruiu sem nenhuma razão que pudesse ser explicada.

De alguma forma, seria mais fácil entender se pudéssemos apontar algum pecado secreto ou deslize de caráter em Jó – então consideraríamos que ele mereceu o que teve.

Imagine que você tenha sido contratado para liderar uma empresa daquelas que aparecem na revista Fortune 500 (ranking anual das maiores empresas americanas), ganhando um salário de seis dígitos, com todos os benefícios. Em 12 meses os negócios cresceram 400% em relação ao ano anterior, sua empresa passou a dominar o mercado, novos produtos foram lançados com sucesso e até mesmo os sindicatos o amam!

Sua foto aparece nas capas das revistas *Time*, *USA Today*, *Fortune* e *Christianity Today* (lembre-se de que você é um líder religioso). Todos os principais *talk shows* e programas que passam tarde da noite o convidam para estar lá. O presidente liga para você semanalmente para aconselhar-se sobre sua proposta de orçamento nacional vindoura.

Você está demitido – nenhum motivo foi apresentado

Num momento você está em sua mesa no 19º andar e, repentinamente, foi demitido! Nenhum motivo é apresentado, mas em apenas 5 minutos dois valentões da segurança o jogaram em uma pilha de sujeira na calçada do lado de fora da sede. Tudo o que restou foi uma bolsa rasgada e antiga com alguns porta-retratos quebrados com fotos da família. Então as coisas ficam realmente ruins.

Um mensageiro aparece e olha para sua bolsa. Então, com ar repugnante, ele joga um pacote de entrega urgente em seu colo e sai caminhando com o nariz empinado.

O pacote contém uma mistura de cartas registradas – todas elas trazendo notícias ruins: O IRS (Internal Revenue Service – Agência do Departamento do Tesouro Americano responsável pela cobrança de impostos e taxas) apreendeu todos os seus veículos, confiscou sua casa, congelou todas as suas contas bancárias e aplicações. O *country club* cancelou sua afiliação especial e está lhe cobrando pelo que ficou devendo depois que sua antiga companhia cancelou os cheques referentes à associação.

Enquanto lê o conteúdo das cobranças, um delegado espera para falar com você. "Fomos à sua residência para atender acusações de natureza federal, estadual e local, e acusações criminais", diz o representante. "E sr. Jó, encontramos todos os seus filhos mortos. Eles foram repentinamente mortos por um tornado enquanto jantavam juntos."

Um rosto cheio de lágrimas e um olhar ameaçador

Confuso e atemorizado, você arrasta a bolsa até o que costumava ser a sua casa (lembre-se de que perdeu o serviço de limusine, motorista e todos os cartões de crédito). Lá encontra sua esposa esperando com o rosto cheio de lágrimas e olhando de forma ameaçadora para o meio fio, do lado de fora de sua casa, que está agora envolta naquela fita de plástico amarela e preta da polícia, e com uma placa da IRS que diz "propriedade confiscada".

"É tudo culpa sua!", ela diz. "Por que você simplesmente não larga esta coisa de religião – que bem isso fez a você?" Amaldiçoe a Deus e morra... é para isso que você e seu Deus são bons. E falando nisso – nosso casamento acabou, perdedor!"

Que dia ruim! Jó teve de lidar com seus problemas, que eram do tamanho do Monte Everest, e de alguma forma ele conseguiu confiar e ter fé em Deus, mesmo quando ele não sabia por que tantas coisas terríveis estavam acontecendo com ele.

Como você sobrevive naqueles dias em que as más notícias fazem fila para falar com você? O que você faz quando seu filho diz, "Eu te odeio"? Como você se mantém em pé quando sua esposa anuncia que não pode mais viver com você? Como você pode ressuscitar as esperanças quando o médico diz: "Sinto muito, mas não há esperança"?

Você se sente como Jó? Parece que está sempre chovendo em sua passeata? Há respostas para estas perguntas.

Jesus fez comentários sobre situações como essas quando Ele disse: "... e derrama chuva sobre justos e injustos" [2]. Ele não estava apenas falando sobre "chuva de bênçãos" que faz com que as flores da primavera desabrochem e o mundo fique com um perfume melhor. Penso que ele estava também se referindo às inundações desastrosas que ameaçam varrer para longe os fundamentos de nossa vida, retirando a fragrância das flores e deixando o mau cheiro do mofo.

Se as más notícias chegaram à sua caixa de correio, você não está sozinho.

O mérito da Bíblia se baseia na restauração de muitas pessoas que falharam ou sofreram injustamente. E você pode achar difícil imaginar a incrível, e virtualmente inacreditável, história bíblica da restauração que está prestes a descobrir.

Imagine um presidente ou primeiro-ministro contratando alguém para ser seu assessor pessoal, uma pessoa que tenha acesso direto a ele. Agora, imagine que você tenha ficado sabendo que os crimes cometidos por essa pessoa no passado incluem uma condenação por um crime de fraude, tirar dinheiro desonestamente de um negócio e usar para fins ilícitos, solicitar e receber propina "por baixo do pano"? O que fazer se ele tivesse deixado de usar seu uniforme de presidiário, resultado de uma sentença de sete anos, pouco tempo antes de ser admitido na sua empresa?

O quão reabilitado este candidato tem que estar para ser considerado apto para um emprego na era do "politicamente correto"?

Para tornar mais nublada a possibilidade de seu improvável retorno político, o que fazer se essa pessoa que cometeu atos condenáveis não só desviou e se apropriou fraudulentamente de fundos não apenas de uma entidade ou corporação do governo, mas sim de uma instituição de caridade, conhecida pelo seu importante trabalho assistindo famílias necessitadas e nações famintas?

Pior ainda. O que fazer se esse homem recebeu propina enquanto detinha o título oficial de assistente pessoal do presidente e chefe do *staff* de um ministério respeitado internacionalmente?

Esse homem não só desviou fundos; ele foi considerado culpado de erros graves de julgamento e transgressão da ética. Ele executou um audacioso esquema de desvio de dinheiro em público e à luz do dia. Ele roubou tanto que os outros tiveram de ajudá-lo a carregar a fortuna – uma doação histórica para uma organização de caridade feita por um alto funcionário do governo de uma nação estrangeira como forma de agradecimento!

Quem poderia acreditar que haveria um futuro para esse criminoso convicto? Muito menos um cargo de confiança ou posição ministerial?

Esta história está neste livro. Embora você não tenha cometido erros tão graves como os que foram mencionados, nenhum de nós gostaria que nossas falhas e fraquezas viessem a público. Todos nós precisamos reparar nossos erros e passos em falso na vida, sejam eles grandes ou pequenos, públicos ou privados.

Quando buscar esta reparação, sua "declaração" deve ser "Se Deus fez isso por eles, Ele pode fazer por mim!"

Como sair desta situação?

É comum vermos os heróis e heroínas da literatura e da Bíblia perseverar por meio de momentos difíceis. Muitas vezes encontramos o mesmo tipo de situação que eles enfrentaram. As questões assombram nossa mente: Eu sobreviverei? Terei sucesso?

Conheço pelo menos um homem que provavelmente sentiu-se como você: Lázaro, um homem conhecido como amigo de Jesus, que morreu prematuramente antes que Jesus pudesse chegar até ele. Como você pode "retornar" da morte? Talvez seja assim que você se sinta. Toda esperança se perdeu, a porta está fechada, trancada, e eles jogaram a chave fora. O que acontece a seguir? A história dele pode ser a sua história também! Pode a desesperança se transformar em esperança?

Todas as esperanças pareciam perdidas até que Jesus chamou Lázaro em sua tumba. Amigos e entes queridos gritaram, "Ele está vivo!". Mas alguma coisa ainda está errada nesse cenário.

Lázaro sobreviveu à sua provação de morte – de alguma forma ele se viu em pé, fora de sua tumba. A tumba da morte tornou-se o ventre da vida, mas ele ainda estava envolto em sua mortalha como se o destino fosse ainda duvidoso. Ele apenas sobreviveria ou teria sucesso?

Algumas vezes você consegue sobreviver a uma crise apenas para viver para sempre no "limbo" dos que não se restauram. Talvez um erro que você cometeu ou alguma decisão injusta que alguém tenha tomado coloca seus planos, sonhos e esperanças no túmulo. Como você não apenas sobrevive a esta crise, mas realmente retorna?

Todo mundo ali sabia que aquelas armadilhas que estavam do lado de fora e a escuridão tinham de sair. Uma testemunha atestou que o homem saiu "com as mãos e os pés envolvidos em faixas de linho" [3] - muitos de nós fazemos isso.

Ele talvez esteja respirando novamente, e podemos supor que Lázaro era capaz de ver uma luz difusa e ouvir os tons abafados de vozes humanas mais uma vez através de suas vestes macabras, mas ele ainda estava separado da vida pelos vestígios da morte. Liberdade de movimentos, de comunicação e qualquer oportunidade para sentir o toque reconfortante de outras pessoas estavam fora de questão.

Pergunto-me: Lázaro temeu que pudesse voltar para a escuridão da morte se alguém não o tivesse libertado completamente?

Jesus gritou em voz alta: "Lázaro, venha para fora"[4].

"Levanta-te e venha para fora!"

Ele ainda diz isso. Ele está em pé do lado de fora da porta de saída das perdas e do fim da morte e Ele está dizendo: "Levanta-te e saia! Volte! Retorne para a vida!"

Mesmo depois de Lázaro voltar, mesmo depois que ele levantou-se e saiu pela porta da morte, a porta da qual ninguém sai, a porta de uma sepultura, ele ainda estava confinado.

Algumas vezes, mesmo depois que a salvação visitou sua vida, a frustração ainda o cerca. As coisas não voltam a ser como elas eram. Você sente como se suas mãos e pés estivessem atados.

Você está pronto para fazer mais do que meramente existir? Lázaro estava vivo, mas ele não estava realmente vivendo. Ele existia, apenas. Jesus disse: "Eu vim para que tenham vida, e a tenham plenamente"[5].

Observe a posição em que a vírgula está colocada: Eu vim para que tenham vida – VÍRGULA – e a tenham plenamente.

Talvez você esteja vivendo do lado errado da vírgula. Vida antes da vírgula é mera existência. A vida abundante existe do outro lado da vírgula, a vida a qual você não está apenas respirando, mas liberto, livre, relaxado, e de volta à sua sala de estar, com suas irmãs Maria e Marta. Restaurado!

Você reparou que Jesus olhou para o círculo de amigos que se juntou ao redor da tumba de Lázaro naquele dia e disse: "Liberte-o e deixe que vá"?

Não deixe seu futuro ser o refém de seu passado.

Um dos mais bonitos atos de restauração é quando outras pessoas entendem o que Deus fez e lhe retiram os últimos resquícios das roupas que usava no túmulo. Nesse momento você não só está perdoado por Deus, mas perdoado também por seus amigos. É nesse ponto que você se conscientiza de que seu passado não detém seu futuro como refém.

Eles tiraram as faixas em que Lázaro estava envolto. Abençoados sejam os que fizeram isso! Tenha como um dos objetivos de vida que você será um dos que tirará as faixas dos erros do passado das outras pessoas.

Quando Lázaro foi finalmente libertado de suas vestes por seus amigos, ele deixou os trapos do fracasso na saída da tumba e retornou para sua casa a fim de encontrá-la cheia de comida e presentes deixados por sua família angustiada. A comida em casa, que costumava deixar para famílias de luto, transformou-se em um banquete para a celebração! Esta é uma fotografia da ressurreição!

Lázaro deveria ser o seu herói, seu "garoto do pôster!" Se ele pôde sair da tumba, você também pode sair dos fracassos.

Você pode imaginar como Lázaro se sentiu enquanto se esforçava para se sentar na tumba? Ele movimentava seus pés no chão e tentava manter seu equilíbrio por um momento antes de cambalear e sair hesitante pela porta da tumba com pés e mãos ainda amarrados!

Certamente não foi fácil fazer isso. Mas o objetivo que Lázaro tinha em mente era: "Estou saindo!" Você deve fazer o mesmo!

Nós reconhecemos e reverenciamos os heróis porque eles não desistem, eles se agarram ao seu caminho de volta. É por isso que eles são nossos heróis. Ainda que o tempo seja o ventre dos heróis, e o fracasso seja o ventre do sucesso.

Mesmo que seus próprios erros tenham precipitado o desastre pessoal, de alguma forma eles encontraram uma maneira de voltar e iniciar uma magnífica "volta por cima"!

Sou maduro o suficiente agora para saber que minha visão dos heróis não é só a do que realiza conquistas e nunca falha, mas também daqueles que voltaram do abismo do fracasso. Uma leitura recente do *hall* dos heróis em Hebreus 11 confirma esse fato para mim.

> Que mais direi? Não tenho tempo para falar de Gideão, Baraque, Sansão, Jefté, Davi, Samuel e os profetas, os quais pela fé conquistaram reinos, praticaram a justiça, alcançaram o cumprimento de promessas, fecharam a boca de leões.[6]

É engraçado que entre os nomes daqueles que foram chamados de heróis da fé, o nome de Sansão está incluído. É também inspirador!

Essa lista não só contém o nome daqueles que nunca caíram e nunca falharam, mas contém propositadamente o nome de Sansão, um dos maiores fracassos e incríveis retornos da Bíblia. Os céus se certificaram de que o nome de Sansão estava incluído para dar esperança a todos nós. Apesar de seu erro moral com Dalila, ele fez por merecer estar na "lista"!

Por qual outro motivo um "erro" como esse aparece na Bíblia no "*Hall* da Fama da Fé"? Pode ser para mostrar que há esperança para nós, pessoas normais que freqüentemente parecem errar tanto quanto parecem ter sucesso.

Algumas vezes coisas ruins acontecem com você "somente porque" – você não fez nada para que elas acontecessem ou as merecesse. Mas freqüentemente nosso sofrimento pode ser traçado diretamente por nossas próprias decisões e motivos errados, desejos egoístas ou escolhas tolas. É o resultado natural.

Uma das "leis da física" afirma que "Para cada ação há sempre uma reação oposta e de igual intensidade". Você pode levar esse mesmo raciocínio para as leis bíblicas de semear e colher. "Não se deixem enganar: de Deus não se zomba. Pois o que o homem semear, isso também colherá."[7]

Todo mundo precisa de restauração.

Sua queda pode não ser tão espetacular quanto a de Sansão, mas temos de concordar que todo mundo comete erros e fracassos. Conseqüentemente, todo mundo necessita de restauração. Não importa se a necessidade é física, espiritual, nas relações, mental ou financeira.

Se estiver quebrado, precisa ser consertado.

Se estiver faltando, perdido ou roubado, precisa ser reposto.

Se estiver manchado, esparramado ou danificado, tem de ser restaurado.

Talvez você precise de um mapa para a estrada da restauração. Em algum ponto, a esperança deve ser restaurada e a inspiração deve ser renovada – seja de uma sentença que dure uma década, como no caso de Sansão[8], ou através de uma viagem durante dias por meio do caminho das virtudes e dos propósitos.

Por quanto tempo Sansão esperou para tomar uma boa decisão que revertesse o curso de sua cegueira? Aquela decisão capaz de fazer com que a poeira fosse tirada de seu nome e fosse lustrado e colocado na prateleira da vitrine com os demais participantes do *hall* da fama?

À medida que você ler estas palavras, talvez crie fantasias em sua memória. Na estrada da vida há muitas curvas e retornos. É rápida em alguns momentos e lenta em outros; é cheia de curvas duras e inesperadas e com acelerações divertidas nos trechos que estão por vir.

Então há o tempo em que a vida sofre uma paralisação completa, um ponto morto. "Você chegou a um final".

Uma decisão errada em uma bifurcação na estrada força-o a colocar sua vida em marcha à ré. Então começa o recuo, polegada por polegada, movimentando-se para trás, o desgastante retorno a um lugar onde você pode fazer a correção de seu curso e voltar para o caminho correto. Deus realmente permite que você volte.

Se, por acaso, der uma nova olhada no *hall* da fama de Deus no livro de Hebreus, você achará aquele que foi herói sem querer, Sansão, inserido a apenas duas palavras depois de Gideão, antes de Davi e Samuel. Se o nome dele pode aparecer nesse lugar, então o seu também pode.

A história de Sansão pode se tornar a sua história! Uma lenda de ressurreição extraordinária!

Capítulo 2

A fábula da amendoeira

Meu futuro parece brilhante...

Uma vez, há muitos anos, minha filha mais nova insistiu em comprar uma muda de limoeiro que parecia não passar de um galho fino. Como sempre acontecia, ela me venceu pelo cansaço e a muda foi comprada. Como pai zeloso que sou, certifiquei-me de colocar a plantinha magra e esquelética ao sol. Minha filha tinha esperanças de que em pouco tempo estaríamos usufruindo de alguns limões azedos resultantes de nosso novo investimento. Na primeira semana ela verificava o limoeiro diariamente para ver se poderia fazer uma limonada.

Quatro ou cinco anos se passaram antes que a árvore pudesse produzir algum limão. Um dia ela entrou correndo pela casa para anunciar: "Papai, há um limão crescendo no limoeiro!"

Quando finalmente ficou pronta, aquela árvore produziu uma grande safra de frutas! Tivemos até que escorar seus galhos finos como dedos em virtude de todos os limões que estavam dependurados. No ano seguinte, não tivemos nenhum limão! Na verdade, nunca mais consegui colher sequer um limão daquela árvore. Esse limoeiro era quase uma extensão de minha experiência como mantenedor de pomares!

Certa vez, li uma história sobre a crise na vida de uma árvore do pomar de um mestre arboricultor. Pode não ter muito a ver, mas uma parte daquela história simplesmente me fez pensar sobre tudo de uma forma completamente nova. *Deixe-me contar esta história para você...*

Era uma vez uma pequena amendoeira. Embora tivesse começado como um pequeno galho fino de uma árvore nova, o mestre do pomar trabalhou o solo ao seu redor de maneira cuidadosa e certificou-se de que ela era aguada e cuidada com muito carinho.

A pequena amendoeira se empenhou e superou todos os obstáculos para crescer o mais alto possível. O progresso continuou mais e mais a cada semana, à medida que o mestre cuidava do solo ao redor da árvore. Tudo parecia correr muito bem.

A pequena amendoeira dizia para si mesma: "Serei a melhor amendoeira do pomar de meu mestre. Vou produzir a melhor fruta". Pensar no fracasso nunca passou pela cabeça da pequena árvore. Tudo o que podia pensar era *"Serei a melhor!"*

Normalmente, as árvores frutíferas não produzem frutas rapidamente. Leva-se tempo para que o solo nutra a planta, para que ela crie raízes profundas e para que cresçam galhos fortes, capazes de sustentar os frutos pesados.

Na verdade, normalmente leva-se anos para que as amendoeiras produzam seus primeiros frutos. Mas a pequena árvore estava fazendo o seu melhor para antecipar o processo natural. Aquela pequena árvore queria mais do que tudo florescer e fazer com que sua florada produzisse alguns frutos para seu mestre.

Infelizmente, a jovem árvore não entendia, em sua imaturidade, que não dispunha ainda da estrutura de raízes que pudesse tirar nutrientes suficientes do solo. Ela não conseguia ainda transferir a umidade suficiente para os galhos de forma que eles pudessem florescer e produzir frutos.

As raízes se alongam e se aprofundam para buscar nutrientes escondidos

Cada gota de umidade em uma árvore e seus frutos é retirada do solo por suas raízes. Essas raízes crescem, ficam compridas e se aprofundam para buscar fontes de água e de nutrição escondidas sob a superfície. Molécula por molécula, as raízes disputam a água que vem da terra. À medida que a seiva sobe pelo tronco da jovem árvore, novas camadas de casca se juntam às antigas e a árvore continua a crescer em circunferência e maturidade.

É como se essa situação fosse durar para sempre, mas com muita freqüência o mestre passava para checar as raízes e o tronco da árvore. Ocasionalmente, ele arrancava algumas ervas daninhas que invadiam o espaço da árvore e adicionava nutrientes ao solo.

A pequena amendoeira esticava-se para cima e seguia em frente, pensando *"Sou mais alta do que todas as outras árvores jovens ao meu redor"! Sim, definitivamente serei a melhor.* Com essas esperanças tão exageradas, a pequena árvore continuava a crescer.

Tudo parecia bem. A pequena árvore finalmente chegou à sua maturidade de árvore nova, que ainda se quebrava facilmente, mas crescendo sempre para a frente e mais alto. "Talvez neste ano", a amendoeira dizia para si mesma. "Talvez este seja o meu ano, quando a luz do sol quente da primavera começar a energizar meus brotos, hastes e folhas. Uma vez que os primeiros brotos começarem a aparecer nos galhos, as coisas começarão a acontecer. Talvez eu produza frutos neste ano."

Foi um ano especial. Um dia o mestre apareceu e parecia particularmente interessado na pequena amendoeira. Mas ele não seguiu a rotina anual de primavera. Ele não realizou todas as tarefas anuais de limpeza.

Normalmente, para assegurar-se de que haveria muita água ao redor das raízes, ele costumava confeccionar um tipo de dique que tinha a função de reter a água da chuva; mas, neste precoce dia de primavera, ele não o fez.

Desta vez o mestre andou em volta da árvore, examinando-a de perto. Depois ele estendeu as duas mãos para pegar o tronco da jovem árvore. Quando o mestre gentilmente dobrou um pouco o tronco da árvore, ela disse para si mesma: "Oh, ele está checando meu sistema de raízes. Talvez seja por isso que ele está me dobrando um pouco". *O-o-o – isso dói!* – pensou a pequena árvore.

Cortada pela raiz!

Com a pequena árvore dobrada e segurando sua respiração, uma das mãos do mestre segurou firmemente o galho dobrado. Com um movimento rápido ele alcançou seu machado e cortou a árvore pela raiz!

Chocada, a pequena amendoeira pensou: *"O que foi que eu fiz? Fiz o melhor que podia. Sinto muito não ter produzido os frutos que você pensava que eram necessários".*

Na verdade a pequena amendoeira sentiu-se traída! Aquela pessoa que parecia ter tanto cuidado e interesse por ela era agora a que separava a amendoeira da fonte de nutrientes. Ela não podia acreditar que o próprio mestre a tinha separado de suas raízes. Como ela sobreviveria? O que havia feito de errado?

E como se não fosse suficiente separar a amendoeira dos nutrientes que sustentavam sua vida, o mestre meticulosamente foi de galho em galho, quebrando cada um deles. Quando chegava a um galho que era muito grande para ser quebrado, ele o cortava com seu machado.

O processo aparentemente brutal continuou até que a amendoeira estivesse totalmente sem galhos e folhas! Naquele momento, a jovem e bonita árvore tinha sido reduzida a nada mais que um tronco de árvore todo talhado, do tipo daqueles que ela já tinha visto serem jogados ao fogo!

A amendoeira não conseguia entender. *"Como posso dar frutos? Tudo o que eu sempre quis era ser a melhor amendoeira de todas. Agora não tenho mais galhos. Serei jogada no fogo com os outros galhos que foram descartados?"*

Tudo o que a amendoeira podia pensar era em como ela costumava ser. *Quanto tempo levará até que novos galhos cresçam?* Então a árvore se lembrou de algo que ouviu um dia sobre "enxerto".

A esperança cresceu novamente com o pensamento: *"Oh, talvez seja isso que o mestre vai fazer. Talvez ele planeje me enxertar em um tronco mais forte em algum lugar"*.

Então o mestre começou a tirar cuidadosamente a casca do tronco da amendoeira.

Não compreendo o que está acontecendo

O córtex ou casca é a camada mais externa que protege a árvore. Ela preserva o nível de umidade dentro da árvore e transporta nutrientes ao longo de todo o tronco. Sob circunstâncias normais, a casca ajuda a árvore a manter-se como um organismo vivo, permitindo que cresça e não seque. A casca de uma árvore é a sua única proteção. Agora o próprio mestre começou a tirar a casca. A pequena árvore sentiu-se nua e exposta.

Enquanto estava deitada, sem sua casca e raízes, a pequena amendoeira lutava com uma corrente imensa de perguntas sem respostas, somada a um pensamento: *não compreendo o que está acontecendo.*

Finalmente, o tronco nu da amendoeira foi deixado sob o sol quente. A cada dia quando o mestre retornava a amendoeira pensava: *"Talvez ele faça um enxerto comigo agora."*

Mas em vez de realizar um enxerto em outra raiz, o mestre simplesmente virou o tronco, permitindo que o sol quente alcançasse o outro lado da árvore. A cada dia que passava o calor do sol tirava mais e mais a umidade da amendoeira. A voz forte da esperança transformou-se num suspiro lamurioso.

O mestre virava a árvore um pouco a cada dia para certificar-se de que secaria por igual. O lento processo de secagem levou diversos dias e, somente quando qualquer vestígio de umidade tinha sido tirado da amendoeira, ele finalmente retornou e disse: "OK. Agora penso que você está pronta".

Submetida à dor de um sonho abortado

Então o mestre pegou aquele tronco da árvore nova, já seco e começou a caminhar usando a vara para se apoiar. Uma espantosa revelação de repente ocorreu à amendoeira: *"Não sou mais uma amendoeira"! Sou um cajado, uma vara. Então é isso que o mestre queria – ele queria me transformar em um cajado no qual pudesse se apoiar.*

"OK. Eu posso aceitar. Serei o melhor cajado, a vara mais forte que já foi feita. Suportarei seu peso e não quebrarei. Estarei sempre à sua disposição. Farei com que ele se sinta feliz por ter me escolhido."

A pequena amendoeira submeteu-se à dor de seu sonho abortado. Ela decidiu: *"Se não posso ser o que pensei que seria, então talvez eu simplesmente não sabia o que eu deveria ser. Serei o melhor cajado que qualquer árvore poderia ser"*.

Algum tempo se passou – talvez fossem algumas semanas, ou meses ou mesmo anos. A vara que costumava ser uma amendoeira estava cheia de fé e sempre permaneceu ao alcance do mestre.

O mestre e a vara se separavam apenas quando o mestre, cuidadosamente, encostava-a ao lado da porta de uma tenda antes de entrar. Todas as vezes que ele ia embora, o mestre com muito esmero a pegava novamente.

Quando o caminho ficava íngreme e perigoso, quando os pés do mestre começavam a escorregar ou não correspondiam... "A tua vara e o teu cajado me protegem"[1].

Tensões ascendentes e reclamações sinceras

Então a amendoeira se tornou um conforto para seu mestre e ela, silenciosamente, reconciliou-se consigo mesma para encarar os fatos de seu novo papel, mesmo que ele parecesse totalmente diferente de seu sonho.

Por causa de rumores, de tensões ascendentes e reclamações sinceras, os principais líderes da comunidade foram chamados para uma séria reunião – e o mestre da vara de amendoeira foi convocado.

A vara de amendoeira era carregada com freqüência para essas reuniões, porém, ela nunca entendia realmente o que estava sendo discutido. Os líderes falavam em um nível superior sobre grandes coisas que ela não entendia. A vara de amendoeira sabia que tinha de ser forte para fazer o melhor que pudesse.

Algo aconteceu durante esta reunião, entretanto, diferente de qualquer outra em que a vara de amendoeira esteve.

Quando o líder ficou em pé para fazer um anúncio em voz firme, doze homens repentinamente levantaram-se. Um deles era o seu mestre. Então, de repente, tudo mudou mais uma vez.

Alguns dos homens enviaram imediatamente seus criados para fora da tenda onde acontecia a reunião, enquanto outros procuravam com pressa em pilhas de pertences que estavam ao redor do perímetro da tenda.

O mestre não tinha criados. Ele mesmo caminhou para a entrada na parte da frente da tenda e removeu o cajado do lugar onde o colocara.

Então o mestre fez o impensável! Como se o galho ainda não tivesse sido cortado o suficiente, o mestre pegou uma faca dos bolsos de seu manto e começou a tirar lascas da madeira forte e seca. Soprando as partículas de madeira e sacudindo a cabeça num gesto de aprovação, ele expressou sua destreza.

Agora todos sabiam quem tinha feito isso à pequena amendoeira; o mestre entalhou seu próprio nome em seu cajado.

O mestre joga fora o cajado

Ele retornou solenemente ao centro da área da reunião e ficou parado como se estivesse ancorado ao solo com estacas. Vagarosamente olhou para o rosto dos homens que estavam reunidos na tenda.

Quando todos os doze homens finalmente se reuniram em um círculo com seus cajados na mão, o mestre jogou o seu cajado bem no centro da tenda, onde todos pudessem vê-lo. Como num sinal, o restante dos homens fez o mesmo com seus cajados.

O medo inundou os pensamentos da vara de amendoeira. Ela já havia visto a mesma coisa acontecer com outros pedaços de madeira. Primeiro eles eram cuidadosamente colocados juntos em feixe, e a próxima coisa que acontecia era que alguém acendia a pilha de madeira seca com um pedaço de carvão incandescente.

Todas as vezes que ela via isso acontecer, as chamas devoradoras do fogo consumiam rapidamente cada pedaço de madeira. Essa era a última coisa que ela queria que lhe acontecesse.

Ela sabia que um dia seu mestre precisaria do calor do fogo, mas ela nunca acreditou que seria à sua custa. Agora ela estava começando a questionar cada ação e decisão dele.

Em pânico, ela disse a si mesma: *"Qualquer pessoa lhe dirá que quando você empilha madeira dessa forma, ela torna-se combustível para o fogo!"*

A pequena vara de amendoeira teve ainda mais medo quando o mestre virou-se abruptamente e foi embora, seguido pelos outros homens que estavam no círculo.

Um lugar ainda mais misterioso

O velho homem carregou as varas para dentro de uma sala escura e, cuidadosamente, abriu uma pesada tapeçaria bordada, dividindo com ela a sala em que estavam em outro ambiente, ainda mais escuro e misterioso.

Enfiando as mãos através da cortina de linho bordada com querubim em nuances de azul, púrpura e escarlate, o homem jogou os doze galhos na escuridão. Sem dizer uma palavra o homem se virou e caminhou para fora da sala. A cortina se fechou novamente, deixando a pequena vara de amendoeira e as demais varas sozinhas, num silêncio perturbador e em quase absoluta escuridão.

Totalmente abandonada. Todos os sonhos despedaçados, todas as esperanças se foram. A vara de amendoeira sentiu-se sozinha e desesperada naquele lugar escuro. *Tudo o que eu queria fazer era ser a melhor amendoeira que eu pudesse. Quando isso não aconteceu, tudo o que eu queria fazer era ser o melhor cajado que eu pudesse ser. Agora é como se esses homens tivessem decidido se livrar de nós.*

> O SENHOR disse a Moisés: "Peça aos israelitas que tragam doze varas, uma de cada líder das tribos. Escreva o nome de cada líder em sua vara. *Na vara de Levi escreva o nome de Arão*, pois é preciso que haja uma vara para cada chefe das tribos. *Deposite-as* na tenda do encontro, em frente da arca das tábuas da aliança, onde eu me encontro com vocês"[2].

Você alguma vez já ficou acamado?

Em muitas partes dos Estados Unidos é comum dizer de alguém que está confinado a uma cama de hospital: "Eles ficarão acamados por pelo menos dois meses, por causa daquele acidente". Um comando aconteceu para mudar o destino da vara de amendoeira, e isso foi sem aviso ou opção: "Deposite-as na Tenda do Encontro, em frente da arca das tábuas da aliança, onde eu me encontro com vocês"[3].

A vara de amendoeira não teve escolha sobre quando, como, onde ou o que aconteceria. Forças acima e além de seu controle ou influência ditaram o ato, o tempo, o lugar, o método e seu propósito.

A jornada da vara de amendoeira apareceu para terminar com um sinal de interrogação, não com um sinal de exclamação.

Geralmente o cajado de um pastor tem a ponta curva, transformando o que era uma nova árvore em um ponto de interrogação. Um ponto de interrogação é freqüentemente um sinal de exclamação que tinha uma curva em sua parte final. A vida é por si só cheia de pontos de exclamação e de interrogação.

> ***A jornada da vara de amendoeira apareceu para terminar com um sinal de interrogação, não com um sinal de exclamação.***

Se você der um passo para trás e

olhar para a vara, perceberá que a parte mais reta da vara lembra a parte de cima de um ponto de exclamação. Se você olhar para a ponta da vara, perceberá que a ponta curvada lembra um ponto de interrogação.

Quando você busca direcionamento ou instruções do Grande Pastor, a única maneira para discernir qual o tipo de cajado que você seguirá é ser sereno e esperar na presença do Senhor.

Tudo o que "poderia ter sido" ou "deveria ter sido" foi reduzido a especulações e idéias do tipo "o que aconteceria se". Nem festas nem celebrações foram preparadas para o futuro da vara de amendoeira. Todas as possibilidades futuras ruíram diante da dura realidade do presente, um dia negro de devastação, desespero, falta de esperança e abandono.

Você já se sentiu dessa maneira? Você sabe como é sentir-se descascado, desnudo, vulnerável e sem poder?

Os sonhos da vara de amendoeira foram destruídos e permanentemente frustrados. Este maravilhoso desejo genético de uma amendoeira poderia nunca ter produzido o fruto premiado ao redor do mundo por seu aroma delicado e gosto adocicado. Ela foi abruptamente tirada do que uma vez acreditou ser o seu maior propósito e destino.

Do ponto de vista da jovem amendoeira, ela foi morta e tomou outra direção antes do tempo. Você já se sentiu assim?

Cuidado com o "até que"

O "Plano A", de acordo com a amendoeira, nunca incluiu a possibilidade de que um dia ela fosse transformada em um cajado ou vara sem vida. Contudo, a vara de amendoeira se ajustou ao "Plano B", sua mudança de vida e de propósito contrária à sua vontade.

Tudo parecia correr bem e sem incidentes *até que...*

Muitos de nós facilmente nos referimos ao "até que". Quantas vezes a vida parece boa para você, "até que"?

Para a amendoeira que se tornou o cajado do líder, a vida estava finalmente parecendo boa, *até que* ela se viu jogada numa pilha; como outros galhos de madeira descartados e dispensados para o fogo.

Descrevi algum aspecto de *sua* vida?

- Era sobre seu casamento que estávamos falando?
- Era sobre sua carreira de 20 anos, que desceu pelo ralo chamado "*downsizing* corporativo"? E justamente quando parecia que uma promoção estava a caminho?
- Foi a consulta de 15 minutos com o médico que lhe roubou

35 anos de vida com uma simples frase de três palavras: "Você tem câncer"?

- É a dor lancinante da traição que ainda queima suas emoções e memórias anos depois do ato agonizante?
- Foi a perda de todos os benefícios de sua educação universitária, posição social e memórias familiares por causa de uma indiscrição passageira ou compromisso ético?
- Você se sente como se tivessem cortado suas raízes por um divórcio amargo ou uma injusta sentença judicial?

Você ainda está tentando confortar-se com as palavras "Eu estava fazendo o melhor que eu sabia"?

Talvez você nunca tenha dito que era "a melhor", ou "a maior" árvore do pomar. Você nunca disse que era o empregado mais produtivo, mas estava fazendo o seu melhor. Deu tudo de si, somente para descobrir, surpreso, que o seu melhor não foi bom o suficiente.

"Machuca saber que o Próprio Mestre me separou das coisas que ele me chamou a fazer". É isso que você está realmente pensando? Você quer contar a ele de peito aberto: "Deus, achei que você tivesse me colocado aqui! Por que você está agora me separando de meu destino mais óbvio?".

Muitas pessoas querem experimentar *"a derradeira reviravolta"* e *"o grande retorno"* na história, mas sem ter se graduado na escola do *"pobre diabo", do "coitado".*

Talvez você nunca tenha tido a necessidade de lutar contra as adversidades do passado. Nunca teve de manter o queixo erguido quando o mundo estava tentando pressionar sua cabeça para baixo. Honestamente, se nunca esteve nessa situação, talvez este livro não seja para você.

Mas se você pensou que nunca voltaria, se tinha certeza de que nunca sobreviveria – muito menos que teria sucesso – talvez pense que *o lugar das vítimas das injustiças sociais e dos vencidos, dos desprezados, e dos que não são empreendedores* se tornou o seu lugar permanente na vida. Pode até constatar que está onde está devido às escolhas erradas que fez.

Você sente que o fracasso é um velho e conhecido amigo. Mesmo os registros bíblicos nos lembram de nossa predisposição para a queda. "pois todos pecaram e estão destituídos da glória de Deus..."[4]

Sente-se como se nunca mais fosse ver a luz do dia. Você está pronto para o resto da história, para o "último final" desse assunto? Eu posso lhe dar uma dica para encontrar a esperança: *"Eu conheço uma saída..."*

Capítulo 3

Sinto-me descascada, desnuda e seca

Há um caminho de volta?

Quando vimos a jovem amendoeira pela última vez...

Cada sonho foi despedaçado, toda a esperança se foi. A vara de amendoeira sentiu-se absolutamente abandonada, desesperada e confusa em uma escuridão quase absoluta por detrás das grossas cortinas.

Se a história da amendoeira descreve a sua vida e se aquele momento no isolamento solitário lhe parece com o final da história, então tenho de lamentar-me com você. Contudo, o fato de que ainda esteja lendo este livro me diz que a história ainda não terminou.

Na frase memorável criada por Paul Harvey: "Agora é a hora para o resto da história". Não é porque você está atrás das cortinas que a ópera acabou! É hora de abrir as cortinas novamente!

Foi em algum momento durante a noite mais longa e mais solitária de sua existência que a pequena vara de amendoeira começou a sentir alguma coisa estranhamente familiar fluir através de suas células. Fazia tanto tempo que ela tinha tido aquele sentimento que nem sabia o que era. Parecia impossível e além da fé.

A umidade estava infiltrando-se pela vara que um dia foi uma árvore. Como isso poderia acontecer? Esta amendoeira era simplesmente uma vara descascada e seca, sem raízes para levar a umidade da terra. Por um longo período esteve longe de tudo o que pudesse prover suporte ou nutrientes.

Ainda assim, a vara de amendoeira sentiu uma umidade que trazia vida surgindo através dela!

Em seguida, a pequena vara de amendoeira sentiu uma dilatação onde antes havia apenas células secas e paralisadas. Na penumbra, até sentiu aquela estranha sensação de pele ou casca esticando. *Como aquilo era possível? Toda a minha casca foi tirada há muito tempo!*

> ***Não é porque você está atrás das cortinas que a ópera terminou! É hora de abrir as cortinas novamente!***

Com certeza, era apenas um sonho... faz tanto tempo desde que algo desse tipo aconteceu, a vara de amendoeira não sabia se ficava alegre ou se tinha medo.

Um tímido brilho azul pareceu iluminar a sala, e foi o suficiente para que a vara de amendoeira pudesse testemunhar um milagre impossível... ela literalmente viu um broto, um botão surgir em seu tronco! Depois outro broto "explodiu" em sua superfície, do outro lado. Enquanto um terceiro broto emergiu em outro lugar, o primeiro começou a se transformar numa flor... sem a luz do sol ou raízes vivas plantadas em um solo firme.

Cheia de frutos e completamente surpresa

Então, o segundo broto floresceu seguido pelo terceiro e pelo quarto. Um após o outro, continuaram durante toda a noite! E, para surpresa da completamente assombrada vara de amendoeira, uma das flores produziu milagrosamente uma amêndoa que amadureceu imediatamente! Isso não era para acontecer! Isso nunca tinha acontecido!

Tudo isso ocorreu no mesmo lugar e hora nos quais a amendoeira sentiu-se mais abandonada e destruída. O que aconteceu naquele lugar solitário, e por quê?

"Deposite-os [os doze cajados] na Tenda do Encontro, em frente da arca das tábuas da aliança, onde eu me encontro com vocês."[1]

> Moisés depositou as varas perante o SENHOR na tenda que guarda as tábuas da aliança. No dia seguinte Moisés entrou na tenda e viu que a vara de Arão, que representava a tribo de Levi, tinha brotado, produzindo botões e flores, além de amêndoas maduras.[2]
>
> Observem "que Deus disse a Moisés que colocasse as varas no santuário, bem em frente à Arca da Aliança, "*onde eu te encontrarei*".

Moradia sobrenatural supera o escuro desespero

Quando Moisés deixou a vara morta e desencorajada de Aarão na quase escuridão do Santuário, a amendoeira estava alarmada. Ela pensou: *por que meu mestre me abandonou num lugar sem vida e de punição ou depósito para coisas indesejadas?*

> ***Uma noite na presença do Senhor e você pode transformar-se no que sempre sonhou ser.***

É aqui que nós, junto com a amendoeira, começamos a entender "quando meus sonhos estão morrendo, os planos Dele estão apenas começando."

Na verdade, a vara sem vida estava prestes a descobrir o segredo da presença de Deus – *uma noite na presença de Deus e você torna-se o que sempre sonhou que seria. Deus faz seu melhor trabalho em segredo.*

A vara não entendeu ou conscientizou-se totalmente de que ela *ainda* era uma amendoeira até a manhã seguinte. Todos os sonhos e a disposição genética que ela possuía originalmente foram, de alguma forma, restaurados. Ela ainda estava viva e florescendo. Mas ela não entendia como nem por quê!

Mesmo estando totalmente "desligada" do solo e do sol, ela sentia um brilho estranho e o calor da vida fluindo por suas células secas.

Quando meus sonhos estão morrendo, os planos Dele estão apenas começando.

Algo maior, mais profundo e mais antigo do que a própria luz do sol ou o solo estava operando ali. A ação normal da clorofila e todas as leis da natureza categorizadas cientificamente que geralmente afetam o crescimento das amendoeiras foram suspensas. Nunca antes havia acontecido dessa maneira.

Sob as melhores das circunstâncias, leva-se normalmente muito mais tempo para uma amendoeira saudável produzir brotos, florescer e produzir amêndoas! Mas esse processo não levou dias, semanas meses ou anos de interação com o solo, água e luz. Aconteceu entre o pôr e o nascer do sol!

Uma noite na presença do Senhor pode acelerar o seu destino!

A pequena amendoeira se transformou no que sempre quis ser em cerca de doze horas! E tudo aconteceu enquanto a vara estava ali, deitada, *na presença do Senhor.*

Esta é uma história simples. Ela lhe lembrou das vezes em sua vida em que se sentiu desconectado do que mais lhe importava?

Você já engendrou todos os esforços para entender porque Deus aparentemente o escolheu, deixou-o sem casca, e o tirou da zona de conforto? Você se pergunta por que ele o deixou sentindo completamente nu?

Estou secando!

Você vem dizendo a si mesmo (e a qualquer pessoa que lhe ouça), "Eu estou secando! Preciso ser colocado novamente na terra; preciso ter de volta as coisas que me faziam feliz"?

Tenha cuidado. É tão fácil se conectar ao "cultivo". Mas não é realmente sobre o cultivo, mas sobre quem cultiva. A vida não é o solo de nossa existência na terra ou os raios do sol. É sobre *a presença do Senhor* que estamos falando.

Uma noite na presença do Senhor pode acelerar seu destino!

Se um dia "é como mil anos, e mil anos como um dia"[3], então você entende que Deus pode pegar mil anos de bênçãos e colocá-los em sua vida *em apenas um dia? Lembre-se do milagre da amendoeira.*[3]

Não sei por quanto tempo você sofreu com medo de que sua vida estava "secando", ou se sentiu cortado de seu destino. A vida pode ter deixado você se sentindo como se tivesse sido comparado à lenha, esperando pela dolorosa condenação das chamas.

> **_Deus concede a vida dele quando você deposita a sua vida na sua presença._**

Mesmo durante os momentos em que você se sente como se tivesse sido deixado em um lugar sombrio e abandonado, a presença Dele está lá. Talvez você não compreenda as circunstâncias de sua presença e se conforte com as promessas do fazendeiro. Deus sabe onde você está.

A Sua presença ressuscita os desconectados

Se você *espera* no Senhor, mesmo quando você se sente "guardado" em um isolamento sombrio, você ganhará nova força[4]. A vida ressurgirá. As coisas acontecerão num pequeno espaço de tempo que parece além da explicação e do entendimento. A presença Dele reconecta o que está desconectado! As coisas acontecerão mesmo enquanto você parece estar desconectado de todas as suas fontes naturais de vida e força.

Se você conseguir perseverar através de seu período de "estar guardado" ou "estar cortado" na Terra, então, segundo Paulo: "Agora me está reservada a coroa da justiça!"[5].

As pessoas olharão para você e dirão:

- "Como aquele fruto nasceu para a vida? Você nem estava conectado da maneira correta!"
- "Você não está tocando o 'solo' do politicamente correto."
- "Você não tem dinheiro e sua companhia só tem um ano de existência – como você conseguiu aquele contrato?"
- Ninguém previu que você faria isso bem – você simplesmente não tem as credenciais ou experiência para isso. A chuva não "caiu" em sua vida, mas aqui está você, florescendo e produzindo frutos!"

Somente uma resposta funcionará para você (e para os que o criticam). *É hora de colocar tudo na presença do Senhor.* Somente um encontro íntimo com a presença Dele pode fazer ressurgir seus sonhos e recuperá-lo para o destino para o qual você nasceu.

Não importa para Deus se você falhou ou se os outros o fizeram falhar. Você pode ter sido injustiçado ontem ou há 50 anos. Ele concede *a sua* vida quando você sacrifica *a sua* própria vida – na presença Dele.

"Mas eu não vejo isso acontecendo para mim! Não vejo as coisas se movendo dessa forma em minha vida. Eu ainda não consigo sentir nada."

Ele pode fazer tudo em apenas uma noite!

Talvez o seu caminho siga aquele da vara de amendoeira. Pode ser que Deus não restaure sua vida pedaço por pedaço. Ele pode fazer tudo em apenas uma noite. Ele pode escolher ressuscitar seus sonhos mortos em um único momento poderoso de intimidade! Lembre-se: nunca subestime o potencial de um encontro com Deus!

> **Nunca subestime o potencial de um encontro com Deus!**

"Mas você não sabe o quanto me sinto desnudo."

Posso avaliar a profundidade de suas necessidades mais intensas? Não é sobre conseguir e manter o emprego certo. Não é sobre estar no lugar certo ou casar-se com a pessoa certa. Não é sobre estar certo de que você posicionou-se de tal forma a obter o melhor destaque possível diante das pessoas mais importantes. Não é sobre "estar vestido para o sucesso" ou "pronto para uma promoção" na cultura corporativa.

Apenas faça isso – *certifique-se de que está na presença de Deus.* Aprenda o que a amendoeira aprendeu: *o solo não é a sua verdadeira fonte.*

As leis da natureza, os princípios dos negócios, os protocolos da política e do ganho pessoal; todos eles podem tentar fixar premissas em sua vida:

- "Afunde suas raízes no solo da nação."
- "Plante seus pés firmemente nas rochas do investimento financeiro e princípios de negócios prudentes."
- "Coloque-se no lugar do motorista – lembre-se de que você é o 'Número Um'."

A aprovação de Deus tem um brilho que supera os outros

As pessoas podem lhe dizer: "Você não conseguirá crescer a menos que tenha a luz do sol, a aprovação das forças mais elevadas brilhando sobre você". A verdade é que apenas um poder importa; o favor e a aprovação de Deus têm um brilho que supera os outros.

O solo não é a sua verdadeira fonte.

Talvez você se sinta esquecido, como se tivesse sido deixado em uma gaveta ou enfurnado no armário do esquecimento. "O que mais me incomoda é que sinto como se *Deus* tivesse feito isso. E eu só estava tentando fazer o meu melhor." Algumas vezes nos ressentimos das circunstâncias que Deus nos envia para que possamos nos desenvolver.

Você pode até sentir-se frustrado com autores, pregadores e os testemunhos de outras pessoas que proclamam em voz alta a lealdade de Deus. Talvez você esteja pensando:

Queria que isso acontecesse neste mês! Não preciso de tudo isso, só preciso entender o que Você está fazendo, Deus. Aquelas pessoas estão em evidência, mas estou nas sombras em uma gaveta escondida em algum lugar. Estou descascado e nu, e sem uma prece sequer. Eu nem sequer tenho um galho para produzir ou segurar um fruto. Eu não tenho nada.

Algumas vezes nos ressentimos das circunstâncias que Deus nos envia para que possamos nos desenvolver.

A pequena amendoeira parecia também não ter nada – quando lhe tiraram as raízes, folhas, galhos e casca, ela não tinha luz do sol, nem solo e nenhum acesso aos nutrientes essenciais à vida. Ela tinha de se sentir abandonada e sozinha. Ainda assim, ela tinha algo em comum com *você*, e essa coisa é o Eterno Cartão Irrestrito que quase todo mundo quer – ela se viu na presença de Deus. Novamente, nunca se esqueça de uma coisa: uma noite *na presença de Deus* pode acelerar seu destino.

"Não vejo nenhum movimento em minha vida. Como alguém pode dizer que meus sonhos se realizarão?" *Apenas esteja na presença de Deus.*

Não me tire daqui – minha vida está na presença de Deus!

Depois daquela noite na presença de Deus, Moisés retornou para recolher as varas. A vara de Aarão tinha brotado, florescido e produzido amêndoas. Essas doze horas de desejo foram tão incríveis que dá até para imaginar a pequena amendoeira dizendo a Moisés naquela manhã: "Por favor, não me tire daqui. *Minha vida* está na presença do Senhor!" Mas o milagre precisava ser mostrado.

A pequena vara que brotou foi apresentada para a massa de pessoas que se juntou. Esse foi "seu momento sob o sol!" "Oohs" e "aahs" ecoaram. Ela nunca tinha sido tão admirada ou aprovada. Mas a pequena vara sentia-se agora pouco confortável com a luz do sol. Normalmente, este seria o ambiente perfeito.

Lá, na sua presença particular e densa, ela estava escondida da multidão. Foi dispensada do teste de orgulho por uma proeza que não podia clamar ou explicar. Nunca fique com os créditos pelo que você não consegue reproduzir. Ela queria estar escondida na presença daquele que a tinha transformado de uma lembrança morta em um sinal vivo de desejo. A pequena amendoeira se sentia mais em casa em seu lugar secreto do que num lugar público.

Então, alguma coisa mais estranha aconteceu. Como testemunho para os resmungões, céticos e descrentes que estavam na multidão, Deus fez com que Moisés retornasse a pequena amendoeira para um lugar chamado de "Testemunho" ou "Arca do Testemunho", ocupando o assento da misericórdia no lugar mais alto. Foi aí que a glória de Deus pairou dia e noite, representando *a presença visível do invisível Deus.*

> Então Moisés retirou todas as varas da presença do SENHOR e as levou a todos os israelitas. Eles viram as varas, e cada líder pegou a sua.
>
> O SENHOR disse a Moisés: "*Ponha de volta a vara de Arão em frente da arca das tábuas da aliança*, para ser guardada como uma advertência para os rebeldes. Isso porá fim à queixa deles contra mim, para que não morram..."[6]

A presença de Deus era a verdadeira fonte de vida e poder que para a amendoeira morta, *não apenas a caixa ou a tenda onde Ele escolheu habitar.* Não é sobre o "pomar" onde você foi colocado; é sobre o "Cultivador" que o colocou naquele lugar.

Deus queria mostrar *a mesma coisa* aos israelitas, e Ele queria que você e eu entendêssemos isso também. Acredito que a pequena amendoeira tinha folhas verdes, flores e frutos porque ficou na presença de Deus.

Digo isso com embasamento teológico porque estou de acordo com o escritor do Livro dos Hebreus, que disse:

> ... (o Tabernáculo) onde se encontravam o altar de ouro para o incenso e a arca da aliança, totalmente revestida de ouro. Nessa arca estavam o vaso de ouro contendo o maná, a vara de Arão que floresceu e as tábuas da aliança[7].

Tudo vive na Sua presença

O maná que Deus deu aos israelitas no deserto não se manteria da noite para o dia por desígnio divino. Quando a regra foi quebrada, "... mas aquilo criou bicho e começou a cheirar mal. Por isso Moisés irou-se contra eles"[8].

Entretanto, o maná que Aarão colocou na Arca da Aliança permaneceu fresco e vivo, porque era para ser a *testemunha viva* da provisão de Deus para as gerações que não sabiam nada sobre a jornada de 40 anos pelo deserto. Era também o testemunho do poder da presença de Deus e uma pintura profética de Emanuel – Deus Conosco – o Pão dos Céus que viria.

> Então Moisés disse a Arão: "Ponha numa vasilha a medida de um jarro de maná e *coloque-a diante do SENHOR, para que seja conservado para as futuras gerações*".
>
> Em obediência ao que o SENHOR tinha ordenado a Moisés, Arão colocou o maná junto às tábuas da aliança, *para ali ser guardado*"[9].

Você notou estas palavras: "para ali ser guardado"? Não é uma frase acidental. Ela significa literalmente "a presença de Deus fica em guarda como um sentinela, para assegurar a preservação!"[10]

A vida sobrenatural flui a partir de Sua presença

Deus não estava interessado em gerações futuras vendo exemplos de manás secos, rançosos e cheio de bichos. Ele comandou Moisés e Aarão para colocar o maná e a vara de amendoeira de Aarão *na sua presença,* onde a vida poderia fluir continuamente e preservá-los de forma sobrenatural para que fossem alimentados. Nada tinha mau cheiro e nada morria em sua presença.

Seus sonhos frágeis permanecerão para sempre frescos na presença de Deus! Infelizmente, uma das tendências humanas mais fortes é depender mais de coisas *que nós podemos fazer* do que *no que Deus já fez*.

"Tenho que correr". "Tenho de me colocar no solo certo". "Preciso estar no emprego correto". "Preciso fazer isso, preciso fazer aquilo."

Não, você tem de aprender o valor da presença de Deus. Quando todos ao seu redor asseguram-lhe de que os seus sonhos não se tornarão realidade, demande a presença de Deus e fique lá até que a vida retorne. A inexperiência é um subproduto da intimidade, num casamento ou numa adoração.

Você pode ter sido despido de toda a sua proteção e recursos que lhe davam vida. É nesse momento que você sente a presença de

Deus e descobre o seu poder. *Quando tudo parece perdido, se encontre na presença do Senhor.*

O gênesis de nossa restauração é um encontro com a presença de Deus. A manutenção de sua restauração está conectada à sua continua exposição à presença de Deus.

Evite rituais inflexíveis criados pelo homem e mantras mecânicos

Deixe-me alertá-lo de que nossa discussão sobre a presença de Deus é *mais do que meras palavras ou rituais inflexíveis criados pelo homem*. Não espere contar com mantras mecânicos do cristianismo, pensando que com eles você encontra os segredos de Deus. As pessoas têm cometido esse erro por muitas gerações. Não estamos falando de uma equação ou fórmula, mas sobre relacionamento.

No dia do apóstolo Paulo, as pessoas que já deveriam saber, equivocaram-se no ato de "evocar o nome de Jesus" para a realidade de realmente *conhecer* a Jesus. Eles não tinham nenhuma relação com Jesus.

Sete filhos de um dos líderes religiosos mais renomados de Israel fantasiaram ser antigas versões de caçadores de fantasmas e exorcistas de demônios.

> "Alguns judeus que andavam expulsando espíritos malignos tentaram invocar o nome do Senhor Jesus sobre os endemoniados, dizendo: 'Em nome de Jesus, a quem Paulo prega, eu lhes ordeno que saiam!' Os que estavam fazendo isso eram os sete filhos de Ceva, um dos chefes dos sacerdotes dos judeus. Um dia, o espírito maligno lhes disse: 'Jesus, eu conheço, Paulo, eu sei quem é; mas vocês quem são?' Então o endemoniado saltou sobre eles e os dominou, espancando-os com tamanha violência que eles fugiram da casa nus e feridos.
>
> Quando isso se tornou conhecido de todos os judeus e gregos que viviam em Éfeso, todos eles foram tomados de temor; e o nome do Senhor Jesus foi engrandecido."[11]

O nome de Jesus não é uma equação mágica – há a presença que está junto dele. Você não pode separar a presença de Deus de seu nome e esperar que esse nome tenha poderes restauradores. Não se consegue poder ao invocar o nome de Jesus para atender aos desejos do homem.

Somente por um momento, desconecte o termo "presença" da palavra "Deus". Talvez possamos aprender mais sobre a palavra "presença" se a aplicarmos em um nível mais simples do domínio natural.

Quando um pai chega à casa após uma viagem, como reagem as

crianças – especialmente quando são jovens? (Os meus já são tão velhos que bocejam e dizem: "Oh, papai está em casa".)

Minha filha mais velha já é casada. Seu marido tem filhos de um casamento anterior – duas garotas pequenas, com idade de três e cinco anos. Durante a noite eu me torno um "avô postiço". *(Estou apaixonado – essas menininhas conquistaram meu coração!)*

Já havia me esquecido da alegria arrebatadora que *garotinhas* podem trazer para uma casa.

Essas duas garotinhas ficam andando por nossa casa, e quando chego à porta da frente, tenho que me preparar. "Oh, vovô Tommy está aqui!" Assim que entro pela porta, elas vêm em minha direção correndo perigosamente (como adoro ouvir o barulho de seus pezinhos), e simplesmente se lançam no ar como mísseis humanos de amor!

Se isso já aconteceu com você alguma vez, então você sabe que tem de estar pronto para suportar o peso. As crianças pequenas simplesmente vão pular em seus braços, esteja você pronto ou não.

Tudo acontece devido *à minha presença*. Não porque elas estão na casa do vovô Tommy, mas porque vovô Tommy está aqui!

Há vezes em que a presença do pai faz algo que nenhuma outra coisa pode fazer. Se havia problemas ou uma crise em família enquanto eu estava fora, minha esposa me abordava assim que eu chegava e dizia: "Sinto-me melhor em saber que você está aqui". Evidentemente, há algo sobre minha presença que parece dizer: "Tudo vai ficar bem".

Quando dizemos "presença de Deus", geralmente queremos colocar um vitral e uma cerca em volta da imagem que está em nossa mente. Talvez isso nos faça sentir melhores em um nível diferente.

Não. Quero que você conecte a presença de Deus com a presença de um ente querido ou talvez a presença de um bebê. *O fato de que eles estão ali* traz alegria, acende nosso coração, ilumina nosso dia e faz com que nossa carga se torne mais leve.

Adoração é a arte de "passar um tempo" com Deus

Quando está na presença de Deus você obtém respostas antes de realizar as perguntas. Aprenda a se retratar quando estiver em sua presença. "O nome do SENHOR é uma torre forte; os justos correm para ela e estão seguros."[12]

Você não se sente seguro quando está na presença de seu pai eterno? Como você permanece lá?

Você sabe que *adoração é a arte de "passar um tempo" com Deus*? Perdoe-me pela gíria, mas ajuda a rever sua visão de alguma coisa que foi tomada como certa. É muito simples*: A amendoeira permaneceu fresca porque simplesmente estava no lugar certo.*

Não havia jeito ruim ou errado para minhas crianças me dizerem, "Papai, eu te amo". Muito freqüentemente caímos na armadilha de pensar que há a adoração má e errada. A única qualificação em que consigo pensar é a que Jesus nos deu – para adorar o Pai "em espírito e em verdade"[13]. Adoração é como você age na presença de Deus. A oração é a linguagem que você usa para falar quando está adorando.

Quando falamos de adoração, geralmente insistimos em adicionar posições recomendadas ou solicitadas, estilos de música, regras de vestuário, currículos e inúmeras regras e regulamentos.

Você pode imaginar o que os discípulos estavam pensando quando eles foram cercados por uma multidão furiosa e o pai de um filho endemoniado que reclamou para Jesus: "Pedi aos teus discípulos que expulsassem o espírito, *mas eles não conseguiram*" [14].

Esse incidente nos mostra uma figura mental de todas as formas diferentes que os discípulos tentaram orar por este garoto.

- Pergunto-me se alguns dos homens daquela época acreditavam na "prece quiroprática de duas mãos", tão popular hoje? O auge do tratamento aparece apenas quando a cabeça da vítima é dobrada para trás até que o pescoço estale. (Eu disse "vítima?")
- Depois houve os "discípulos do toque suave", aqueles que acreditavam que o melhor tipo de prece espiritual era tocar a pessoa suavemente.
- Talvez a maioria pertencesse aos "Capernaum Oilers", que usavam a unção com óleo aplicado na testa desenhando o "sinal da cruz com o dedo polegar".
- É possível que alguns dos discípulos orassem parados em apenas um pé enquanto outros orassem energeticamente com ambos os pés plantados firmemente no chão (e sem óleo)?

Orar não é uma questão de mecanismo; é questão de entendimento.

Quando você evocar o nome de Jesus, não o use como uma equação mágica, um "abracadabra" ou encanto manipulador tirado de um desenho animado ou um texto ocultista. Quando você chama Seu nome, você está pedindo a Sua presença. E é o que acontece.

Quando minha esposa chama meu nome pela casa, ou quando ela me chama em meu telefone celular, ela está fazendo mais do que simplesmente usar meu nome. Ela está chamando pela minha *presença*. Ela não está interessada em simplesmente ouvir minha voz em uma gravação, ou em ver minha foto colocada em um pôster enorme. Ela quer a *mim*!

Você quer os benefícios de Deus ou a Sua presença?

Quando você evoca o nome de Jesus, você conecta a presença Dele com seu nome precioso. Se você ama a presença Dele, você agirá de forma diferente com relação a Ele como se tudo o que você realmente quisesse fossem apenas os benefícios ligados ao Seu nome.

Você não o ama realmente se tudo o que você quer é roubar o cartão de crédito de Deus, ou prostituir o nome de Jesus, encher os seus bolsos ou proteger o seu futuro. Você só gosta do que Ele lhe proporciona e da conta bancária sem limites que vem com Ele.

Fazemos votos no casamento que prometem fidelidade "na saúde e na doença". Honestamente, você não sabe o que é o amor até que você passe por momentos difíceis. Às vezes, o verdadeiro amor machuca.

Uma vez, enviei flores e um bilhete para minha esposa que dizia: "Para alguém que é *tão fácil* amar e por quem *é tão fácil* se apaixonar".

Digo isso porque me lembrei do tempo em que tínhamos apenas dois ou três anos de casados. Os médicos disseram que eu tinha um tumor no cérebro, então passei 30 dias no hospital, totalmente desligado. Minha jovem esposa dormia numa cadeira dura e sem estofamento ao lado da minha cama. Faz quase 25 anos.

O amor não é *verdadeiro* até que alguém tenha caminhado com você através de tempos difíceis. Amar não é recitar versos ensaiados ou um beijo apaixonado em um tapete vermelho. Algumas vezes o amor parece mais um comprometimento incondicional que diz: "Quero passar um tempo com você. Na verdade, prefiro ficar com você num quarto de hospital do que sem ninguém em um banquete!" O amor é um duro currículo na "Universidade da Vida".

Da hora mais sombria ao momento mais radiante na presença de Deus

A presença de Deus pode transformar a hora mais sombria em um momento mais radiante.

Algumas pessoas mal podem tolerar Deus, mesmo quando o coro está cantando e a luz do sol está passando pelos vitrais da janela. Elas olham para o relógio, dobram seus livretos e dizem "OK, vamos andar rápido e passar por isso. Vamos passar por este sermão e chegar para o almoço a tempo". Elas parecem não gostar de estar na presença de Deus.

Muitos desses amigos são boas pessoas que se consideram bons cristãos, mas eu tenho algumas perguntas sobre essa atitude. *Como dizemos que queremos ir para o céu e passamos uma eternidade fazendo o que parece que não gostamos de fazer por apenas uma hora na terra?*

A presença de Deus raramente paira onde "Adorações rápidas de cristãos" são preferidas. Estou tentando dizer isso da maneira mais diplomática possível, mas a Bíblia diz que a adoração será nossa principal atividade e maior fonte de alegria no paraíso. Você sabe por quê? A adoração é a arte de saber como estar na presença de Deus. Seu fruto é a alegria de simplesmente estar lá.

Algumas pessoas são tão desatentas que nunca percebem quando a presença de Deus invade um recinto ou reunião. São tão rudes espiritualmente que nunca tomam conhecimento de Deus e não vêem a hora de se livrar dele para retornarem para sua miserável versão do que é "normal".

É possível se acomodar tanto com a existência das igrejas que falhamos em reconhecer a presença de Deus em nossas reuniões! Você já esteve em uma festa onde os convidados estavam mais interessados em certificar-se de que a festa estava bem-organizada do que em encontrar, cumprimentar e divertir-se com as pessoas que estavam lá? Todos nós estamos sujeitos a esse tipo de coisa.

A adoração é a única parte de nossa oração da qual Deus tira alguma coisa!

A adoração é a única parte de nossa oração da qual Deus tira alguma coisa! Se você está preocupado sobre heresia, respire fundo e leia. Não me importo de ser citado, mas não me cite erroneamente.

Muitas pessoas boas adotam uma atitude ruim que diz: "Posso me atrasar para a igreja. Sim, posso perder a adoração, mas estarei lá para a Palavra".

O que estamos realmente dizendo é: "posso perder a parte de Deus, *mas estarei lá para minha parte"*.

Deus não aprende nada com nossa pregação. Na verdade, Deus nunca ganhou sequer uma única nova "revelação" ou "lembrete" dos ensinamentos de alguém – e isso inclui as melhores mensagens de Billy Graham, Charles Spurgeon, Martin Luther, Pedro, João ou Paulo, os apóstolos.

Nenhum ser humano nunca ensinou nem ensinará a Deus coisa alguma. Somos incapazes de ajudar a Deus ou de levá-lo a fazer algo. Você pode imaginar Deus "cutucando" Miguel ou Gabriel e dizendo: *"Você pode me emprestar uma caneta ou pena? Quero escrever o que foi dito – Eu não sabia disso!"*.

"OK, então por que nos importamos em ensinar e pregar?"

O objetivo de pregar e ensinar é criar adoradores. É nos equipar para o trabalho de ministro, não simplesmente trabalhar para os ministros. Até mesmo o Catequismo de Westminster fala da obrigação do homem em adorar e se alegrar em Deus.[15]

Não estou apenas tentando ensiná-lo a dizer pequenas equações mágicas "em nome de Jesus". Se você diz o seu nome e desvincula seu nome de sua presença, então é apenas mais um nome. A restauração da vara de amendoeira que brotou estava diretamente conectada à presença de Deus, ao nome da tenda.

Sua restauração está conectada à sua adoração.

O que tem tudo isso a ver com "Me sinto descascado, nu e seco"? O galho de amendoeira foi restaurado e ressuscitado pela presença de Deus. Você nunca está "descascado ou nu ou seco" quando você está revestido pela presença de Deus.

Quando encontramos nosso caminho cortado e nossa vida fora do lugar, é fácil falar sobre *o "retorno", mas o "caminho de volta" é, às vezes, difícil de ser encontrado.*

A adoração e a oração que estão no meio do problema podem conduzi-lo à presença de Deus, e é exatamente na sua presença que você encontrará o ponto de partida para o caminho de volta. *Sim, há um caminho de volta!*

Houve outras pessoas chamadas Jesus durante o ministério de Deus na terra. Jesus – Yeshua ou Jehoshua – não eram nomes incomuns naqueles dias. Se você diz o nome dele, e você desconecta o seu nome de sua pessoa, você está apenas dizendo palavras ordinárias sem efeitos sobrenaturais.[16]

Quando você diz o nome de Jesus e você tem *uma relação* com ele, você evoca a *presença* de Deus nessa situação!

É fácil falar sobre o "retorno", mas o "caminho de volta" é, às vezes, difícil de ser encontrado.

Somente a presença de Deus pode transformar os maiores fracassos da vida em nossos maiores triunfos.

Há poder na presença de Deus. E isso, meu amigo, é onde o processo da restauração começa.

Capítulo 4

O capítulo "opa" da vida

O que acontece quando você tropeça no próprio pé

Você já disse alguma coisa e depois desejou agarrar as palavras e colocá-las de volta em sua boca? Você já entrou numa sala e concluiu instantaneamente: "Opa, tenho de sair daqui!" e tentou sair e fechar a porta – sabendo que era tarde demais? Um erro de julgamento, uma decisão ruim, e a vida como você a conhece está acabada.

Você já fez algo que gostaria de ter a chance de desfazer? Isso acontece quando aquela frase típica das mães, "Não adianta chorar sobre o leite derramado", não é uma frase bem-vinda.

Você conhece alguém que esteja perto da grandeza, mas que nunca pareceu de fato alcançá-la? Você conhece pessoas que trabalham pela grandeza – grandes pessoas, grandes causas, grandes instituições – mas que nunca se tornam, de fato, grandes?

Deixe-me contar a vocês a história de um homem assim. Ele estava tão perto da fama quando entrou no capítulo "opa" de sua vida, que classifica essa fase como um dos maiores desapontamentos da Bíblia.

Sua história permaneceu nos bastidores a maior parte de sua vida; ele sempre pareceu ser o jogador invisível cujo papel era facilmente negligenciado e esquecido. Ele nunca esteve no palco como o artista principal.

Focaremos nossa atenção nessa figura pouco conhecida porque a melhor maneira de tomarmos decisões corretas em nossa vida geralmente é trazer à memória nossos erros, decisões erradas e falhas do passado.

Em seu tempo esse homem tinha um alto poder como "*superstar*", modelo "padrão ouro" de uma vida vitoriosa. Devido à oportunidade, sua história teve as qualidades de uma biografia heróica. Durante boa parte de sua vida adulta, seguiu silenciosamente a carreira de seu chefe, o profeta Eliseu, que, em sua procura pela consagração, certa vez assumiu a mesma posição de assistente para seu antecessor Elias.

Esse homem me lembrava daquele atendente do correio que vivia dois andares abaixo do meu em um agradável condomínio de apartamentos. Quando jovem, era tão educadamente invisível como um vendedor de peças de automóvel, um telegrafista ou um decifrador de receitas médicas, trabalhando com determinação em seu escritório de casa. Você tem a impressão de que a vida não seria tão confortável ou eficiente sem eles, mas com certeza você não conhece ou se lembra de seus nomes a maior parte do tempo.

Esse homem era aquele que agendava todos os compromissos, que encontrava e recebia os visitantes e que sempre mantinha um pacote de toalhas de papel descartáveis umedecidas, prontas para limpar as mãos do profeta. Esse era o seu papel, assistente do profeta.

Quando a história começa, parece haver bons motivos para acreditar que a estrela poderia ocupar um dia o lugar de Eliseu como profeta-chefe. (Este era o padrão – o profeta sênior selecionava um protegido entre os muitos candidatos e realizava um treinamento "*on the job*.")

A ironia amplia a insensatez do episódio "opa" desse homem, porque ele obviamente era o aparente herdeiro, o próximo na fila do escritório do profeta. Ele estava a apenas um passo da grandeza e parecia que agora era a sua vez.

Os problemas deste homem começaram depois que ele tentou duvidar pela segunda vez do líder ao qual ele servia. Algumas pessoas podem sentir-se tentadas a arrumar pretextos para o que ele fez, dizendo: "Tudo o que este cara fez já foi feito, só que numa outra época", mas na verdade ele cometeu um grave erro de presunção.

Ele agiu com base na hipótese de que estava isento dos padrões usuais do homem comum só porque ele servia a um grande líder e herói nacional. Como resultado, foi literalmente amaldiçoado! Ele foi colocado na "lista negra" da pior maneira possível. Seu nome era Geazi.

Ele precisava da restauração – e tinha pouca chance de recebê-la

Se existe alguém que já tenha precisado da restauração, era este homem – e devido à sentença do julgamento pronunciado sobre ele, parecia o homem com a menor probabilidade de consegui-la.

Para entender verdadeiramente a profundidade da queda de Geazi, você tem de ouvir uma história paralela sobre a restauração de Naamã. Esses homens de duas nações diferentes se encontraram numa milagrosa série de eventos centralizados no profeta Eliseu, mas, quando Geazi e Naamã se separaram, eles seguiram em duas direções dramaticamente diferentes.

Um chegou ao fundo e começou seu caminho de volta. O outro

caiu de uma altura vertiginosa e levou consigo a família em sua descida para o abismo.

Naamã não era apenas um homem comum. Ele era o chefe do grupo, o Secretário da Defesa, e maior estrategista militar da Síria. Ele era o general militar número um do país, o líder que podia conseguir o impossível por meio da força de seu desejo e habilidades poderosas de líder militar.

Todos nós adoramos ouvir histórias de restauração, mas queremos evitar as histórias das crises que criaram a necessidade de restauração. Queremos apertar a tecla *fast-forward* do DVD ou acelerar a história, dizendo: "Pule toda a pare chata – me conte a parte em que as coisas ficaram boas". Nós esquecemos (ou escolhemos ignorar o fato) que alguma coisa tem de morrer ou definhar antes que seja restaurada.

Pulando "aquela parte agonizante" da história

A parte mais dolorosa da história é geralmente enterrada no final de sua lista de tópicos sociais. Isso me lembra de uma entrevista fictícia que a CNN fez com Lázaro: na Terra Sagrada. O repórter perguntou: "Lázaro, como se sente uma pessoa que ressuscitou?" (Podemos ouvir esta parte da história muitas e muitas vezes).

Posso ver Lázaro colocando de lado um trapo malcheiroso da roupa com a qual estava enterrado e que estava sobre sua face, e dizendo: "Ser trazido de volta à vida foi muito legal. *Mas a parte dolorosa...* essa foi muito difícil!"

Antes que você possa falar honestamente sobre restauração, você pode querer identificar pessoalmente o quanto um problema pode piorar. (Você está preparado para sofrer um pouco e abrir o túmulo comigo?)

> ***O túmulo do fracasso pode se transformar no ventre do sucesso.***

Deixe me alertá-lo de que algumas coisas que você está prestes a ler parecerão tão implausíveis e impossíveis que pensará consigo: "*Isso foi inventado por você!*" Se eu não lhe mostrar o capítulo e o versículo nas Escrituras Sagradas, você pode pensar que está lendo um livro de ficção. Mais uma vez, onde há a Palavra de Deus os fatos são definitivamente mais estranhos do que a ficção. O túmulo do fracasso pode transformar-se no ventre do sucesso.

No capítulo 5 do Segundo Livro dos Reis no Antigo Testamento, descobrimos o famoso líder militar que mencionei. Naamã era um general do exército estrangeiro que estava no "topo de mundo", mas ao mesmo tempo estava preso na armadilha da doença incurável, infecciosa e fatal.

Naamã, comandante do exército do rei da Síria, era muito respeitado e honrado pelo seu senhor, pois por meio dele o SENHOR dera vitória à Síria. Mas esse grande guerreiro ficou leproso.[1]

Arruinado por duas palavras

A Bíblia diz que esse herói da guerra Síria era o cabeça do exército do rei da Síria e que ele era "grande e honorável" e um "poderoso homem de valor, mas que arruinou tudo com duas palavras: "... ficou leproso."

Até mesmo os poderosos podem ser derrubados por coisas aparentemente insignificantes e despercebidas

Imagine uma nova doença-pesadelo...

A única maneira para que eu e você possamos começar a entender o impacto da lepra nas pessoas nos tempos de Naamã é pensar no câncer como uma doença *altamente contagiosa* (pense no resfriado comum), e coloque-o junto com o estigma social e o prognóstico terminal da AIDS (HIV).

O que aconteceria se todas as vezes que você visitasse um ente querido que estivesse enfermo com uma combinação contagiosa e mortal de câncer e aids, você sofresse risco de contágio? Você o visitaria com tanta freqüência? Pense em todos eles com câncer; e pergunte a si mesmo: "O que eu faria se fosse contagioso?"

Com que freqüência você visitaria alguém doente com câncer? De que tamanho seria o seu medo? O quanto eles seriam amados?[2]

Se você contraísse hanseníase e você amasse sua família, você nunca mais poderia abraçá-los, tocá-los ou estar perto deles. Sua doença infecciosa o levaria à expulsão imediata e permanente de sua casa, de seu bairro, de sua igreja, e, em muitos casos, de sua cidade! Uma vez rotulado como leproso, pelo resto de seus dias na terra você deveria gritar "Imundo! Imundo!" para alertar as pessoas todas as vezes em que você estivesse próximo a elas.

Essa nova doença-pesadelo fictícia, finalmente, nos permite entender o pavoroso e paralisante impacto da lepra na Bíblia.

Quando a lepra contaminou Naamã, acho que talvez ele tenha pensado *"Seria melhor morrer na batalha do que descobrir que fui amaldiçoado com isso!"*

Doença e tristeza são ambos destruidores de oportunidades. Não importa o quão alto uma pessoa chega em sua escalada profissional, social ou política. Não importa o quão poderosa, bem-relacionada ou rica possa ser. As coisas ruins podem surgir em sua vida. As lágrimas podem manchar tanto as fronhas de seda dos travesseiros como as de tecido batido. Não importa.

Você pode imaginar o poderoso general Naamã, chefe comandante sírio, chegando em casa, vindo do encontro com seu médico? Ele provavelmente nem iria querer entrar em sua própria propriedade. Sua filhinha o vê a certa distância e grita para todos na casa: "Papai está em casa, papai está em casa!"

Como um pai carinhoso e compassivo, ele provavelmente enviou notícias prévias sobre sua chegada naquele dia. Quando sua pequena garota quis correr para fora do portão para abraçar seu pai como costumava fazer, o servo principal comandou urgentemente os outros servos: "Não, não, segurem-na. Façam com que pare! Não a deixem sair. Ela não entende".

A garotinha ficou confusa e chorou, olhando para sua mãe que permaneceu choramingando do lado de dentro da porta principal da casa, "Mamãe, por que eles não me deixam abraçar o papai? Porque eu não posso?"

Eu não voltarei mais para casa

Talvez Naamã estivesse chorando, e quando sua esposa começou a andar em sua direção, apesar dos avisos prévios, ele rapidamente disse: "Não se aproxime mais – estou imundo. Só vim até aqui para lhe dizer adeus. Nunca mais voltarei para casa." Então, ele começou a contar toda a história por trás daquelas más notícias.

Entre surtos de choros e soluços, ele deu instruções que o removeriam da vida delas para sempre: "Preciso que você empacote todas as minhas coisas. E, falando nisso, peça aos servos que queimem toda a mobília de nosso quarto. Separei dinheiro para que você compre o que for preciso. Não se preocupe com uma cama *king-size* agora..."

Talvez alguns dos servos do general Naamã tivessem contraído a mesma doença que ele tinha, e da mesma maneira. (Como os escravos eram visto como propriedade, não tinha importância naquela cultura se alguns servos tivessem sido deliberadamente expostos à lepra para acelerar o sucesso militar da Síria e de seu principal líder). Não havia dúvidas de que eles tinham sido expostos.

A Bíblia diz que o general Naamã ouviu rumores de uma empregada, uma serva israelita originalmente capturada durante a campanha militar da Síria contra Israel. Talvez ela estivesse ajudando seu senhor Naamã a arrumar suas coisas. Vendo que a dona da casa chorava por

Naamã, que tinha deixado a casa para sempre, a pequena escrava israelita fez um simples comentário:

> "Se o meu senhor procurasse o profeta que está em Samaria, ele o curaria da lepra."[3]

Você permitirá que a amargura afete seu destino?

A compaixão dessa escrava jovem de Israel me deixa pasmo. Ela se recusou a permitir que a amargura da escravidão devorasse seu espírito. Suspeito que muitas pessoas em circunstâncias similares estariam tentadas a amaldiçoar seus captores em um momento de amargura.

"Espero que todos contraiam lepra. Que ela espalhe a morte, a dor e o sofrimento para todos eles! É tudo o que eles merecem. Eles me separaram de minha família, mantiveram-me à força em cativeiro em uma terra estranha, e agora tenho de tomar conta das pessoas que roubaram minha vida! Desejo a eles toda a dor que me deram e muito mais!"

A jovem empregada israelita demonstrou a verdade que todos nós temos de aprender: se a amargura não afeta o seu espírito, então ela não pode afetar o seu destino.

> ***se a amargura não afeta o seu espírito, então ela não pode afetar o seu destino.***

Algumas pessoas deixam que seu espírito seja contaminado durante o caminho. Elas deixam o veneno da amargura invadir seu espírito. Escolha o caminho mais alto. Tome sua decisão e declare: "Não me importa em quais circunstâncias estou, não permitirei a amargura em meu espírito". Aprenda a navegar pelas águas agitadas do "declínio" enquanto evita as pedras da amargura.

Esta é a beleza da história da vara de amendoeira. A vara disse: "Posso não ser uma árvore, mas serei uma vara. O que quer que aconteça, não deixarei que isso afete o meu espírito".

Não permita que as circunstâncias afetem o seu espírito. Assuma o controle de sua vida. Se você abre a porta para a amargura ou para os pensamentos desgostosos, eles se repetirão mais e mais vezes em sua mente. Pare de sentir pena de si mesmo, agora!

As circunstâncias não vão determinar o meu nível de adoração

Em um determinado momento você tem de dizer: "É isso. Recuso-me a deixar que as circunstâncias determinem meu nível de dignidade. Se Paulo e Silas podem adorar na cela de uma prisão, então eu posso adorar nestas circunstâncias adversas em que me encontro."

A sra. Naamã não perdeu tempo passando para seu marido o que a serva havia dito. No próximo verso, o leproso general Naamã conta ao rei da Síria que o profeta israelita podia curar a lepra. O rei, ansioso para cuidar do principal jogador de seu time, não perdeu tempo. Naamã foi contar ao seu senhor o que a menina israelita dissera. O rei da Síria respondeu: "Vá. Eu lhe darei uma carta que você entregará ao rei de Israel". Então Naamã partiu, levando consigo 350 quilos de prata, 72 quilos de ouro e 10 mudas de roupas finas.[4]

O rei israelita suspeitava de tudo que era sírio (e por boas razões!). Sua primeira reação foi ficar com raiva porque, em sua cabeça, a carta do rei da Síria pedia que ele mesmo curasse o leproso! Se falhasse, estava crente de que o rei sírio começaria uma guerra. Ele estava tão irritado que, com raiva e frustração, rasgou as próprias roupas.

Quando Eliseu, o homem de Deus, soube que o rei de Israel havia rasgado suas vestes, mandou-lhe esta mensagem: "Por que rasgaste tuas vestes? Envia o homem a mim, e ele saberá que há profeta em Israel".[5]

> Então Naamã foi com seus cavalos e carruagens e parou à porta da casa de Eliseu.[6]

Quando lemos "cavalos e carruagens", pensamos em um modo arcaico e estranho de viajar que é visto em livros de história e filmes. Temos de fazer uma figura mental dos eventos da Bíblia para realmente entender o seu impacto. Somente os "VIPS" da época andavam em carruagens.

O general Naamã, o conquistador das nações e controlador das armas estava acostumado a ser recebido com um tapete vermelho aonde quer que fosse. As pessoas abaixavam a cabeça e o reverenciavam quando ele surgia. Por quê? Todos sabiam que esse comandante sírio tinha o poder de cortar qualquer cabeça que não se abaixasse.

Todos cuidavam de Naamã por ele ser quem era e de onde ele tinha vindo. Mas quando ele chegou em frente à casa de Eliseu, o profeta nem se preocupou em sair!

Vá e pule dentro do rio!

Ao contrário do esperado, o profeta Eliseu enviou uma mensagem para Naamã por meio de um servo (provavelmente seu mordomo e assistente pessoal Geazi):

> Eliseu enviou um mensageiro para lhe dizer: "Vá e lave-se sete vezes no Rio Jordão; sua pele será restaurada e você ficará purificado".[7]

Isso é o que aconteceu de acordo com minha tradução pessoal:

> Não vou até aí e não vou colocar as mãos nele, diga a Naamã que eu disse: *"Vá e pule no rio! Sete vezes!"*

Imagine de que forma o poderoso general Naamã respondeu à mensagem: "Me desculpe?! Quem esse pregador pensa que é? Quero encontrar esse cara pessoalmente! Não posso acreditar. Ele sabe realmente quem eu sou?"

> Mas Naamã ficou furioso, afastou-se e disse: "Ele sairá e virá até a mim e chamará o nome do *Senhor*, seu Deus, e passará suas mãos por todo o lugar e curará a lepra.
>
> Não são os rios Abana e Farfar, em Damasco, melhores do que todas as águas de Israel? Será que não poderia lavar-me neles e ser purificado?" E foi embora dali furioso.[8]

Este MIG – *Most Important General* "general mais importante" estava um pouco fora de forma. Num ataque de raiva, o mais poderoso líder militar do Meio Leste pisou fundo no pedal e cantou pneu com sua carruagem Rolls-Royce com seu grupo, e saíram do caminho da casa do profeta.

"Esperava muito mais deste tal profeta", Naamã deve ter dito a si mesmo. "Aquele profeta pomposo nem se deu ao trabalho de sair de seu escritório para me ver! O rei de Israel estremeceu e o profeta não veio nem falar comigo diretamente."

Buscando mãos trêmulas e palavras mágicas

Naamã esperava encontrar pelo menos o "Tratamento de Moisés", com as mãos sendo levantadas dramaticamente com todo o "time" do profeta. Então, talvez o profeta estendesse suas mãos trêmulas sobre o corpo leproso de Naamã e pronunciasse palavras mágicas.

"Mas, não: esse pregador deve ser um rapaz muito esperto!" Naamã disse a si mesmo. "Na verdade, me dizer para pular no rio foi um dos mais miseráveis pretextos que já vi. Este Rio Jordão nem é realmente um rio – é um riacho sinuoso cuja água é muito barrenta para beber e muito imunda para banhar-se! Este é apenas *mais um* insulto depois do outro!"

Algumas pessoas fazem hoje em dia a mesma coisa que Naamã fez há milhares de anos. Elas simplesmente *ficam* com seus problemas e preferem viver com sua dignidade intacta a perdê-la e resolver o problema! "Quero ser curado, mas quero que as coisas aconteçam da minha maneira."

Algumas vezes Deus estabelece uma barreira de obediência para que você transponha. Ele pode dizer: "Se você me ama, *aceite meus comandos*", ou "Venda todos os seus bens e dê tudo aos pobres... depois, siga-Me". (Mas Ele não diz necessariamente a *mesma* coisa para todas as pessoas).[9]

Dê a Deus um pretexto para que Ele te abençoe

A linha final para a cura de Naamã não estava no fato de Deus ordenar sete ou quatro mergulhos no Rio Jordão, ou ser salpicado com um pouco de loção púrpura.

E nem mesmo tinha nada a ver com as virtudes inerentes do Rio Jordão ou de qualquer outro rio. O Rio Jordão era especial não devido à sua beleza ou localização. Ele se tornou importante porque Deus o escolheu como o lugar para o milagre de Naamã.

A questão era a obediência. Algumas vezes Deus nos pede para fazer coisas que não entendemos e não conseguimos entender por quê. A maneira mais normal que teríamos para lidar com situações como essas seria apenas obedecer. Mas, ao contrário, fazemos grandes sacrifícios de tempo, dinheiro ou conveniência e não obedecemos simplesmente.

E Deus ainda nos diz: "Tem porventura o Senhor tanto prazer em holocaustos e sacrifícios, para que se obedeça à palavra do Senhor? Eis que o obedecer é melhor do que o sacrificar; e o atender é melhor do que a gordura de carneiros. Obedecer é melhor do que se sacrificar, aos olhos do Senhor. Faça apenas o que lhe pedi".[10] ("Obedecer" é encontrado mais vezes nas Escrituras Sagradas do que "Obedeça à palavra do Senhor").

"Sim, eu sei disso, meu Deus, mas prefiro mergulhar seis vezes, não sete." Ou: "Ok, Deus, já mergulhei sete vezes neste rio barrento, mas agora vou mergulhar mais uma vez nesta sujeira, só por segurança!".

Minha opinião é que se Naamã tivesse mergulhado oito vezes no rio ele teria se infectado com a lepra novamente! Não seria uma questão de obediência absoluta. Dê a Deus um pretexto para que ele te abençoe! Obedeça totalmente!

Novamente, se você precisa ser abençoado – se você precisa de restauração em sua vida – então dê a Deus um pretexto para abençoá-lo. Ele está esperando com bênçãos em suas mãos. Você tem alguma obediência para dar a ele em troca? A obediência é o pretexto de Deus para abençoá-lo!

> ***A obediência é o pretexto de Deus para abençoá-lo!***

Não vá até Deus esperando que ele opere um milagre da maneira que você quer. Não é você, mas Ele. Gostamos de controlar as coisas e colocá-las em caixas onde tudo é previsível. Mas não há caixa grande o suficiente para conter, controlar e limitar a Deus.

Tentamos colocar muita importância no que Deus poderia considerar altamente insignificante, e não damos importância às coisas que Deus diz serem necessárias. Tudo se resume numa única frase: "Você é obediente?"

Prefiro manter a minha lepra a mergulhar naquela sujeira

No início, Naamã provavelmente dizia: "Não vou fazê-lo! É um rio lamacento. Dê uma olhada naquela água podre – é imunda! Já vi milhares de rios que são melhores do que esse! Temos dois lindos rios – o Abana e Farpar na Síria – o que faz com que este rio pareça um triste lamaçal. Prefiro manter a minha lepra a mergulhar naquela sujeira".

Agradeça a Deus pelo apoio. Um dos servos mais inferiores do general sírio começou a falar:

> "Meu pai, se o profeta lhe tivesse pedido alguma coisa difícil, o senhor não faria? Quanto mais quando ele apenas lhe diz que se lave, e será purificado!"[11]

Imagine a cena – o herói de guerra sírio marcado com cicatrizes está vestido com seu melhor uniforme para o que ele pensa que será uma grande ocasião. Ele se curva para ouvir um tímido escravo dizer em uma voz vacilante e joelhos trêmulos: "Mestre Naamã, se aquele profeta lhe tivesse pedido para fazer algo grandioso, você teria feito?"

"Sim, eu teria assassinado 100 filisteus com alegria."

"Mas não seria mais fácil fazer essa pequena coisa que o profeta pediu?" O servo e os outros que estavam com ele na verdade humilharam Naamã com sua desobediência!

Deus sacrificará seu conforto para desenvolver o seu caráter.

Você se dá conta de que Deus – que o ama muito mais do que aqueles escravos amavam seu mestre sírio – o humilhará com prazer para que seja obediente se isso for necessário para ajudá-lo? Ele quer o melhor para você, mesmo quando você não vê nenhuma pista de que isso está acontecendo.

Deus está menos interessado no seu conforto do que está em seu caráter. Deus sacrificará com prazer o seu conforto para desenvolver o seu caráter. Por quê? Ele está mais interessado em onde você terminará do que onde você está neste momento. (Talvez a resposta mais apropriada devesse ser: "Se minha humilhação é necessária para me trazer ao meu destino, então, que assim seja.")

Métodos pouco usuais – Quem se importa?

Você já notou que quando Jesus pregou para o povo, ele dificilmente o fez da mesma forma duas vezes? Ele não queria que construíssemos uma caixa com o rótulo "Procedimentos e Políticas para Pregar às Pessoas".

Jesus pregou para muitas pessoas, por isso ele tinha de ser muito criativo para não repetir o processo, mas repetir o produto. Suspeito de que uma vez que Deus criou os humanos, então ele também está totalmente a par de nosso amor pela repetição agradável, previsibilidade, e fórmulas e processos reproduzíveis. Parece que valorizamos mais as equações e fórmulas do que os relacionamentos.

Se ouvirmos que Jesus ou até mesmo o evangelista da cidade mais próxima sempre apontou o dedo correto e tocou as pessoas enfermas antes de os milagres acontecerem, estamos tentados a esquecer sobre a fé ou a obediência que existe e começar a "Escola Sagrada do Ministério do Dedo Indicador Milagroso". Isso é replicar um processo em vez de duplicar um *produto* – a restauração ou criação da totalidade através do poder de Deus.

Jesus parece ter misturado de propósito as coisas para nos guiar para longe das fixações simplistas sobre suas técnicas. "Ok, fiz tortas de barro ontem, então hoje acho que tocarei algumas orelhas com meus dedos." "Tendo dito isso, cuspiu no chão, misturou terra com saliva e aplicou-a aos olhos do homem.[12] *A linha da cura começa aqui...*"

Na verdade, apenas o simples ato de mencionar uma "linha de cura" dispara "botões quentes" em algumas pessoas. Se você perguntar, eles dirão que não é digno estar diante de outras pessoas para poder receber as graças para suas necessidades. Honestamente, já sofri mais com os momentos indignos que passei no hospital fazendo exames do que obtendo a cura!

"Você pode cuspir bastante?"

Embora saiba que as Epístolas nos instruam a usar o óleo quando oramos para os doentes, acho interessante que não haja referências ao fato de que Jesus tenha usado óleo para orar aos doentes. Mas sabe-se que Ele realmente usou "cuspe" (ou para os mais politicamente corretos, "saliva").

Não quero ser grosso, mas *está* na Bíblia. O que aconteceria se Jesus tivesse cuspido no chão e fizesse lama para untar todas as pessoas doentes e endemoniadas para as quais ele pregava? Muitas igrejas teriam, então, um recipiente de lodo da Terra Sagrada em frente ao altar em vez de óleo para unção! Um dos pré-requisitos para ser um ancião seria uma resposta positiva para a pergunta: *"Você pode cuspir bastante?"*

Imagine o que poderia acontecer quando chegasse a hora de orar para os doentes durante a missa! O pregador diria: "Anciãos, juntem-se a mim, por favor. Vamos orar para que as pessoas se curem". Naquele momento, o pregador e todos os anciãos começariam a limpar suas gargantas, a preparar a caixa de sujeira sagrada e a espalhar a sujeira em todos os que esperavam pelas orações!

Jesus fazia coisas de maneiras diferentes de forma que nós não nos doutrinássemos pelas coisas que Ele nunca quis que se tornassem doutrinas.

Nunca mais esta ordem seria duplicada na Bíblia, mas aqui está o resultado:

> Assim ele desceu ao Jordão, mergulhou sete vezes conforme a ordem do homem de Deus e foi purificado; sua pele tornou-se como a de uma criança.[13]

Quando Naamã submeteu-se ao ato indigno de mergulhar suas imaculadas roupas sírias, sandálias de couro de búfalo e corpo doente nas águas lamacentas do Rio Jordão, ele saiu das águas com a pele limpa e fresca como a de um bebê recém-nascido! Ele também saiu com uma nova atitude sobre o profeta e sobre o impressionante rio de Israel.

Quando Deus o cura é surpreendente como uma coisa que antes o deixava irritado torna-o feliz! Naamã disse aos seus estupefatos ajudantes militares e servos: "Vire esta carruagem e vá em frente, de volta para a casa do profeta – estou curado! Minha pele está restaurada, está tão macia quanto a pele de um bebê!"

Roupas finas do "Armani da Síria"

Ele sorriu e anunciou para o estupefato Geazi, assistente do profeta:

"Eu vim apenas para dizer ao profeta que estou curado! Diga ao pregador para sair. Tenho uma oferenda para dar a ele!" – Tenho vários camelos carregados com prata, ouro e algumas roupas finas do Armani da Síria. Você pode acreditar? Estou curado!"

Geazi estava começando a ficar excitado. "Espere um momento, general", ele disse: e quase tropeçou em si mesmo tentando voltar para a casa e encontrar Eliseu.

"Mestre, sabe aquele cara a quem você disse para pular no rio? Bom, ele o fez! Quero dizer, ele está de volta e está curado! E ele está de volta com uma oferenda! Ele quer lhe dar uma oferenda – uma oferenda realmente grande. Se você sair e for vê-lo, começarei a carregar as coisas para dentro."

"Não, eu não quero vê-lo", disse Eliseu.

Geralmente poderíamos explicar essa atitude excêntrica dizendo alguma coisa espiritual, como: "Oh, o profeta está diante de Deus e não pode sair".

Tirando uma soneca enquanto assiste ao canal de golfe

O problema é que não sabemos disso. Ele pode ter ficado assistindo ao jogo de futebol ou tirando uma soneca enquanto assistia ao canal de golfe (sem ofender os que são loucos por golfe – pois é justamente isso que eu mesmo faço).

Um dia estava no quintal de casa brincando com minha garotinha. Chamaram-me do escritório para dizer que um ministro internacional muito importante havia telefonado. Ele queria falar comigo o mais rápido possível. O problema era que tinha separado aquele tempo para estar com minha filha, então eu disse:

"Sinto muito, mas diga a [e eu disse o nome do ministro] que não posso atender esta ligação no momento. Sim eu sei, eu sei quem é. *Estou numa reunião importante agora*".

Quando desliguei o telefone, minha garotinha disse: "Você não está numa reunião, papai". E eu disse: "Sim, estou. Estou em uma reunião com você! Separei este tempo para estar com você e não me importa quem me ligue. Eles podem me chamar de novo. Posso falar com eles a qualquer momento, mas você terá 11 anos por pouco tempo".

Queria que você tivesse visto a reação dela. Mais tarde ela contou a sua mãe (e sabe se lá para quantos de seus pequenos amigos), "Meu pai não falou com eles porque estava comigo!".

Não sabemos realmente o que Eliseu estava fazendo. Ele podia estar brincando com seus filhos. De qualquer forma, não temos de tornar suas palavras especialmente "espirituais". Tudo o que sei é que a sua resposta para a oferenda do rico e poderoso general sírio foi:

> O profeta respondeu: "Juro pelo nome do SENHOR, a quem sirvo, que nada aceitarei". Embora Naamã insistisse, ele recusou.[14]

"Dê-me alguma sujeira, por favor".

Depois que Naamã mergulhou sete vezes no rio, uma coisa surpreendente aconteceu. Primeiro ele ofereceu presentes fabulosos de prata e roupas finas ao profeta. Quando o profeta recusou-se a receber qualquer presente, o sírio que costumava odiar o Rio Jordão pediu terra suficiente para que pudesse carregar duas mulas. E disse Naamã: "Já que não aceitas o presente, ao menos permita que eu leve duas mulas carregadas de terra, pois teu servo nunca mais fará holocaustos e sacrifícios a nenhum outro deus senão ao SENHOR.".[15] Parece que agora ele gostava daquela terra!

Depois de depararmos com uma mudança de destino, geralmente valorizamos o que costumávamos odiar! Evidentemente, ele pensou que precisava da "Sujeira Sagrada" de Israel para adorar a Deus de forma apropriada com suas oferendas.

Você não pode sair da igreja sem uma oferenda

Eliseu deve ter se recusado a receber o que quer que fosse pelo milagre, mas Geazi viu as coisas de maneira diferente. Ele simplesmente não podia suportar ver aquelas oferendas indo embora pela porta. *Parece que a ambição tomou conta de Geazi.*

Enquanto observava a celebridade síria sair pela estrada em sua carruagem customizada, alguma coisa aconteceu. A Síria era um dos rivais mais odiados de Israel – e Geazi pensou, "Este leproso sírio não sairá de forma nenhuma daqui com isso."

> Geazi, servo de Eliseu, o homem de Deus, pensou: "Meu senhor foi bom demais para Naamã, aquele arameu, não aceitando o que ele lhe ofereceu. Juro pelo nome do SENHOR que correrei atrás dele para ver se ganho alguma coisa".[16]

Quando o profeta Eliseu disse: "vive o SENHOR, que hei de correr atrás dele", ele quis dizer, "Deus está vivo, e eu tenho de prestar contas a Ele por meu comportamento".

Quando Geazi disse "vive o SENHOR", ele omitiu as palavras "que hei de correr atrás Dele" e qualquer outra implicação de relação pessoal e obrigação divina de prestar contas. *Ele simplesmente usou o nome do Senhor como um epitáfio* – como uma palavra para adicionar mais ênfase!

Não posso deixar esta oportunidade escapar!

O coração de Geazi deve ter ficado um pouco apertado quando viu as luzes traseiras daquele Rolls-Royce desaparecerem na esquina. Repentinamente, ele disse: "Não posso deixar esta oportunidade escapar!" Ele correu atrás da carruagem de Naamã, gritando: "Ei, Ei! Esperem rapazes; parem! Parem um minuto".

Então o general sírio parou sua caravana de servos e burros carregada de presentes e diz com poética simplicidade "Está tudo bem?"[17]

Geazi respondeu: "Sim, tudo bem. *Mas o meu senhor enviou-me*".[18]

Muitas pessoas diriam "Isso é uma mentira. Seu mestre não o enviou!"

Eu penso que Geazi estava dizendo a mais absoluta verdade, ele apenas estava servindo a um *mestre diferente.*

Naamã queria dar ao profeta a grande oferenda que tinha preparado, então quando Geazi apareceu para coletá-la depois de tudo e clamou que era enviado pelo profeta, Naamã supôs que era verdade.

Meu mestre me enviou...

Geazi então acrescentou uma segunda e mais bem-elaborada mentira para encobrir sua decepção. Ele disse: "Meu senhor enviou-me para dizer que dois jovens, discípulos dos profetas, acabaram de chegar, vindos dos montes de Efraim. Por favor, dê-lhes 35 quilos de prata e duas mudas de roupas finas".[19]

"O que, você está brincando?", disse Naamã. "Aqui está, pegue pelo menos 150 libras de prata; e aqui estão algumas roupas para cada um desses garotos." Quando Naamã viu que Geazi não podia carregar tudo sozinho, disse a alguns de seus servos "Você! Ajude Geazi a carregar essa prata e essas vestimentas de volta para a casa do pregador.".

Geazi provavelmente não tinha planejado que haveria testemunhas, mas tudo ia bem até que" "...eles foram até a torre."

> *Quando Geazi chegou à colina* onde morava, pegou as sacolas das mãos dos servos e as guardou em casa. Mandou os homens de volta, e eles partiram.[20]

As torres estão sempre nas esquinas, então Geazi temia que assim que ele e os escravos de Naamã dobrassem a esquina, Eliseu o veria com o lote. Foi quando ele disse: "Vou tirar isso daqui."

Geazi dispensou os escravos sírios e pessoalmente escondeu o lote assim que chegou *a torre da presunção.* A palavra de origem hebraica traduzida como torre significa na verdade "lugar elevado, elevação de terreno".[21]

Depois entrou e apresentou-se ao seu senhor Eliseu. E este perguntou: "Onde você esteve, Geazi?" Geazi respondeu: "Teu servo não foi a lugar algum".[22]

Onde você esteve, Geazi?

Geazi rapidamente escondeu as coisas e pensando que sua astúcia tinha funcionado, voltou à presença de Eliseu. Então o velho profeta o mirou com seus olhos penetrantes e dissesse: "Geazi, onde você esteve?"

"Oh, em nenhum lugar." (Esta é a minha tradução).

A armadilha de Deus estava prestes a ser acionada e Geazi estava ao ponto de aprender uma lição sobre Deus que tudo vê e tudo sabe, que ele nunca mais esqueceria.

> Mas Eliseu lhe disse: "Você acha que eu não estava com você em espírito quando o homem desceu da carruagem para encontrá-lo? Este não era o momento de aceitar prata nem roupas, nem de cobiçar olivais, vinhas, ovelhas, bois, servos e servas".[23]

O profeta dizia: "Geazi, nem comece. Eu sei onde você esteve, eu sei o que você fez e sei o que você escondeu. Geazi, esta não é a hora para você aceitar a oferenda".

Quero dizer que o velho profeta "pegou pesado" com Geazi! Ele começou a falar de coisas que Geazi nem tinha recebido. Vinhas, olivais, ovelhas e bois!

Você alguma vez já pensou que um pregador pudesse ter uma reação exagerada?

Talvez Eliseu estivesse adivinhando os próximos degraus que o comportamento de Geazi poderia chegar se ele fosse deixado sem supervisão. Algumas vezes Deus tem de colocar uma situação dolorosa em nossa vida antes que mais estrago seja feito. Geazi estava prestes a chegar no "fundo do poço". Esta é a queda sobre a qual falamos.

Eliseu fez um dos mais chocantes pronunciamentos de julgamento do Velho Testamento:

> "Por isso, a lepra de Naamã atingirá você e os seus descendentes para sempre". Então Geazi saiu da presença de Eliseu já leproso, parecendo neve.[24]

Geazi recebeu um dos mais rápidos julgamentos da história humana e sua sentença foi aplicada instantaneamente! A Bíblia diz que Geazi caminhou para fora da casa do profeta como um leproso, "branco como a neve".

Acredito que Geazi foi coberto instantaneamente com a lepra na mesma proporção que Naamã tinha quando se banhou no Rio Jordão.

Geazi recebe a lepra de Naamã no mesmo estágio avançado, marcado pela mesma *pele esbranquiçada* que Naamã tinha pouco antes de entrar nas águas lamacentas do Jordão.

Abordado por seu próprio erro

Em um instante tumulto na vida, Geazi foi abordado por seu próprio erro. Repentinamente, o segredo do triunfo de Geazi foi substituído pela tragédia pública. O medo substituiu a fé, e o desespero descartou a esperança. *Um erro de julgamento, uma decisão errada, e a vida como ele a conhecia tinha acabado.*

Tenho certeza de que Geazi desejava que nunca tivesse dito o que disse ou feito o que fez. Mas você não pode desfazer os erros.

Este servo de alto nível, assistente do maior dos profetas daquele tempo ficou literalmente branco como a neve, totalmente incrustado com as células da pele escamosas e feridas com secreção, indicativas de lepra em estágio avançado.

Tudo isso aconteceu porque Geazi pegou ilicitamente prata e roupas que não eram suas. Geazi ilegalmente e presunçosamente interceptou bens ricos e valiosos que Deus tinha a intenção que fossem retornados a sua origem. Ele literalmente contaminou-se com os bens ilícitos, desobediência presunçosa e tentativa de enganar um profeta sagrado de Deus.

> ***A obediência é o pretexto de Deus para abençoá-lo, e a desobediência pode ser a permissão de Deus para amaldiçoá-lo.***

Se a obediência é o pretexto de Deus para abençoá-lo, então a desobediência é a permissão para amaldiçoá-lo? As ações de Geazi o colocaram sob a maldição da lepra.

O profeta pediu a ele antes de pronunciar a sua sentença: "Este não era o momento de aceitar prata nem roupas, nem de cobiçar olivais, vinhas, ovelhas, bois, servos e servas".[25] O problema não era o dinheiro ou as roupas; era "a ocasião".

Ele foi banido da sociedade, condenado a sofrer o desfiguramento gradual e crescente e a dor perpétua seguida pela morte certa e prematura. Seu futuro acabou apenas porque ele julgou o tempo de maneira errada.

Uma descendência familiar inteira extinta em apenas uma sentença

O que mais poderia ser feito para punir esse homem? Examine de perto as palavras finais do profeta para Gaezi. Alguma coisa pior ainda realmente aconteceu: "Por isso a lepra de Naamã atingirá você e os seus descendentes *para sempre*".[26]

Você já ponderou alguma vez o significado da palavra "sempre"? Talvez você tenha experimentado a depressão de "para sempre" em sua vida.

Considere a maldição "para sempre" de Geazi. Suas sementes, toda a sua descendência familiar foi condenada em apenas uma rápida sentença!

Penso que quando Geazi chegou em casa, ele descobriu que suas coisas já tinham sido jogadas na rua, juntamente com seus filhos e seus pertences. Cada filho foi instantaneamente infectado com a mesma doença – e com a mesma severidade – como seu pai.

É sempre perigoso duvidar de Deus duas vezes. A presunção é a lepra do espírito. Nunca tente viver sua vida e fingir que é uma criança de Deus *enquanto conta com a intimidade de outra pessoa.*

Geazi vivia na mesma casa que o profeta e por isso pensou que soubesse de tudo. Pensava que sabia tanto que fez um julgamento fatal. Houve outros tempos em que Eliseu aceitou presentes das pessoas com alegria, mas desta vez ele deixou claro que não receberia prata ou roupas, e que isso era por orientação divina. Sem nenhuma razão! Algumas vezes o sinal de que estamos maduros é a obediência, *sem nenhuma explicação.*

A Presunção é a lepra do espírito.

Quando Geazi tentou adivinhar pela segunda vez as intenções do profeta de Deus, ele abriu a porta para o pecado. Toda esta bagunça começou quando Satanás persuadiu Eva a criticar Deus, e esse ato (com a participação voluntária de Adão), abriu as portas para o vírus fatal da desobediência, que infectou toda a raça humana.

Geralmente, quando você lê nas palavras de Deus que um profeta pronunciou uma sentença fatal e eterna como esta, você não suspeitaria que os dias de Geazi tivessem terminado? Nesse momento ele parece desaparecer silenciosamente da narrativa bíblica e se diluir no anonimato.

Embora supostamente todo freqüentador da escola dominical saiba sobre Naamã ter mergulhado no Rio Jordão por sete vezes, você está prestes a descobrir que sua história serve como preparativo para um incidente miraculoso ainda maior do que sua cura!

Capítulo 5

Este pode ser um ano miserável

Envie minha correspondência para o "inferno"

Naamã, o sírio, e sua caravana real mal haviam se distanciado. Os gritos altos e desinibidos de alegria do ex-leproso podiam ainda ser ouvidos ecoando na distância quando o servo de Eliseu, Geazi, viu sua vida despedaçar-se diante de seus olhos.

"Tudo aconteceu quando uma sentença rápida foi proferida: A lepra de Naamã se abaterá sobre você e todos os seus descendentes para sempre."[1]

O que você diz depois de dizer "opa"? De repente, tudo começa a afundar, pois parece que você acabou de entrar em uma fase miserável de sua vida. Você já se sentiu dizendo: "Envie minha correspondência para o 'inferno', porque é lá que eu vou viver?"

Não estamos apenas falando de uma fase em que você foi enviado para a "casa do cachorro" por causa de uma discussão sem importância com sua esposa, porque seu chefe estava temporariamente bravo com você. Não, este é o derradeiro golpe do destino, o sopro final de qualquer esperança de normalidade no futuro imediato. "Ela não está apenas louca. Ela se foi." Seu chefe não está apenas nervoso – "você está demitido!". Seu futuro está uma desgraça.

Como Geazi pôde ficar tão cego a ponto de não ver o poder sobrenatural e absoluto de Deus?

O desejo humano de esconder, de defender-se e justificar-se é forte. Geazi deve ter lutado contra seu "erro" e a seriedade de sua penalidade.

A idéia de receber os presentes do sírio parecia tão fácil, e tudo aconteceu de forma tão suave.

O velho profeta disse que ele não queria as coisas; e o leproso forasteiro estava tão feliz por causa de seu milagre que realmente não se importava com elas também. Naamã tinha muito dinheiro. Afinal, eram apenas outras 150 libras a mais para levar por todo o caminho de volta para a Síria pela montanhas acarpetadas. Que mal havia? Ele não fez um favor ao homem?

Um nome deve ter aparecido em sua mente: Acã. Todo judeu sabia recitar de cor a história do homem que pegou para si o que tinha sido colocado de lado por Deus. Imediatamente após os israelitas assistirem às muralhas maciças de Jericó virem abaixo, Acã apoderou-se ilicitamente de prata e ouro. Essa ação foi banida por Deus.

Ao tocar o que Deus tinha declarado abertamente que estava fora dos limites, uma maldição se abateu sobre a nação inteira. Todas as crianças hebréias foram ensinadas cuidadosamente a temer o julgamento daqueles que cometeram "o pecado de Acã".[2]

Como o velho profeta me vê?

O que aquele velho nome de ganância e vergonha tem a ver? Geazi apenas cometeu o pecado de Acã. O profeta deixou claro que a prata e as roupas estavam fora dos limites.

Quantas vezes, nos miseráveis anos que se seguiram, Geazi reviu sua própria história para justificar suas ações?

> Não sou Acã – por acaso lavei as mãos do homem de Deus? Não roubei nada de ninguém – apenas servi-me de uma coisa que estava ali e, provavelmente, as usaria para fazer o bem.
>
> Com certeza contei com a ajuda dos dois escravos sírios para carregar os presentes; mas quando chegamos perto da esquina eu os enviei de volta para Naamã.
>
> Foi só uma maneira de mover rapidamente as coisas para dentro da casa. Tudo o que tive de fazer foi escondê-los na câmara fria que ficava embutida na parede atrás dos grandes potes de água. Mas como o velho profeta conseguiu me ver?

Inconscientemente, coçando os pontos de lepra que se espalhavam por sua face e pescoço, Geazi arrastou-se rapidamente em direção a sua casa enquanto tentava evitar que qualquer pessoa o visse. Todas as palavras e nuances de seu encontro com o profeta queimavam em sua memória.

Geazi esqueceu que a cobiça é tão ruim quanto a idolatria. Não é o que você fez, mas a maneira como Deus a viu.

"Onde você esteve, Geazi?"

Geazi respondeu: "Teu servo não foi a lugar algum".

Mas Eliseu lhe disse: "Você acha que eu não estava com você em espírito quando o homem desceu da carruagem para encontrá-lo? Este não era o momento de aceitar prata nem roupas, nem de cobiçar olivais, vinhas, ovelhas, bois, servos e servas. "Por isso, a lepra de

Naamã atingirá você e os seus descendentes para sempre". Então Geazij saiu da presença de Eliseu já leproso, parecendo neve."[3]

Atordoado por sua queda repentina

Ninguém realmente sabia que Geazi havia caído, mas sua queda o deixou chocado por ser inesperada, pela duração de sua sentença e pela extensão do sofrimento de sua lepra aos filhos e netos.

Era como se lhe tivessem dito: "A propósito, Geazi, não se preocupe por não estar aqui para curtir o futuro de suas crianças. Eles também já estão com lepra". Isso não era justo!

A vida nem sempre é justa. "Por que não punir somente a mim?" A dor de assistir aos outros sofrerem por erros que você cometeu é, freqüentemente, insuportável.

Leva-se tempo para que a lepra se desenvolva, mas somente Deus pode acelerar a misericórdia, Ele pode acelerar o julgamento.

Outra pessoa que não fosse Geazi também aprendeu de primeira como o fracasso rápido segue a falsa vitória. Um profeta certa vez disse sobre aqueles que caem: "Eu vi Satanás caindo do céu como relâmpago".[4]

Em outro lugar está escrito:

> "Como você caiu dos céus, ó estrela da manhã, filho da alvorada! Como foi atirado à terra, você, que derrubava as nações! Você, que dizia no seu coração: "Subirei aos céus; erguerei o meu trono acima das estrelas de Deus; eu me assentarei no monte da assembléia, no ponto mais elevado do monte santo. Subirei mais alto que as mais altas nuvens; serei como o Altíssimo". Mas às profundezas do Sheol você será levado, irá ao fundo do abismo!"
>
> "[...] O SENHOR dos Exércitos jurou: "Certamente, como planejei, assim acontecerá e, como pensei, assim será."[5]

Isso é o que acontece quando o "eu vou" encontra o "assim se efetuará"! Deus acelerou o julgamento de Lúcifer.

A lepra de Naamã se agarrou a Geazi

Não acredito que Geazi passou pelo processo normal e pelos estágios progressivos da lepra. A Bíblia dá a entender que Geazi recebeu toda a lepra no exato momento em que Naamã a deixou! Julgamento acelerado!

O profeta disse: "A lepra de Naamã atingirá você e seus descendentes para sempre..." Não foi pior do que isso.

Se for dito que uma pessoa experimentou "o derradeiro retorno ou reviravolta", então se entende que de alguma forma ela experimentou a dor e a tristeza de chegar a uma situação derradeira na qual não é possível prosseguir. Você não pode experimentar uma verdadeira reviravolta sem se conscientizar de que tem de chegar a uma situação derradeira na qual não é possível prosseguir.

Nesse momento, não conseguimos ver nenhuma pista de que há um retorno ou reviravolta. Geazi experimentou o pior cenário possível – uma fatalidade pode ser considerada pior do que a morte, porque era uma viva e prolongada morte. Ele foi amaldiçoado "pelas palavras do Senhor". O profeta disse que ele e seus filhos teriam lepra para sempre.

Talvez você tenha um conselheiro profissional que lhe diga, "Não sei como você vai fazer para reparar este relacionamento. Sua situação pode ser irretratável".

Uma coisa é ouvir um conselheiro graduado pronunciar um futuro negro para sua vida. Mas o que acontece se a maldição for lançada em sua vida por um renomado profeta de Deus?

Eliseu recebeu o manto duplo do profeta Elias. Ele profetizou o nascimento do filho de uma mulher sunamita estéril e depois ressuscitou seu filho de uma morte prematura. Ele orquestrou a derrota do exército de Moabe e a rendição do exército sírio, e depois Deus o usou para realizar a cura milagrosa de Naamã, general-comandante do exército da Síria.[6]

Este homem foi a voz autorizada de Deus para a geração de Geazi. Quando Eliseu o amaldiçoou, foi universalmente entendido que o próprio Deus o havia amaldiçoado.

Movendo-se em quase três milhões de anos. O que aconteceria se alguém com a importância de Billy Graham ou Madre Teresa pronunciasse publicamente uma sentença sobre você e sua família para sempre? Eliseu, o profeta, essencialmente disse a Geazi publicamente: "Você terá de viver com as conseqüências de sua decisão errada, para sempre!"

Se você se sente permanentemente amaldiçoado neste momento, então talvez possa identificar-se com Geazi. Talvez não fosse um ministro; talvez fosse seu chefe ou sua esposa.

Qual era a extensão da maldição que caiu sobre Geazi? Moisés e a lei foram claros:

> Quem ficar leproso, apresentando quaisquer desses sintomas, usará roupas rasgadas, andará descabelado, cobrirá a parte inferior do rosto e gritará: "Impuro! Impuro!". Enquanto tiver a doença, estará impuro. Viverá separado, fora do acampamento.[7]

Você percebe as palavras nessas passagens sobre a lepra? "Infecção... separado... descoberto... imundo... deve viver sozinho... fora do arraial."

A pele de Miriam foi "parcialmente comida" pela lepra

A maldição da lepra foi tão devastadora que fez com que Moisés tivesse uma reação inesperada quando sua irmã contraiu lepra devido a sua rebeldia. Ele não estava falando sobre uma pessoa que era ritualmente imunda, ele estava chorando em desespero para Deus pela divina intervenção em uma crise médica e espiritual:[8]

> "Não permita que ela fique como um feto abortado que sai do ventre de sua mãe com a metade do corpo destruído". Então Moisés clamou ao SENHOR: "Ó Deus, por misericórdia, concede-lhe cura!"[9]

Moisés era um dos escritores mais detalhistas da Bíblia e um dos profetas mais selecionados. Foi para Moisés que Deus entregou a Tábua dos Dez Mandamentos, a "lei mosaica", e as leis de Levíticos em detalhes. O homem justo simplesmente disse a Deus o que ele viu.

Miriam, irmã de Moisés, não foi simplesmente acometida com uma doença de pele que viria a desaparecer em "um ou dois dias". Não, essa mulher estava sendo "comida viva" por uma devastadora doença, e que foi mais longe do que simplesmente afetar a pele com coceira e pintas escamosas. Ela não tinha simplesmente uma doença que podia ser curada com aplicação de óleo de oliva.

Lepra: morte no plano de "Leasing"

Alguns dizem que um diagnóstico de lepra era uma sentença de uma morte em pouco tempo. Você pode dizer que era uma sentença de morte em "leasing". Outros diriam que a morte ainda era mais fácil do que a lepra. Você não vive com a lepra, você morre com ela.

Nenhuma outra doença na sociedade do Velho Testamento trouxe tanta destruição e desolação. Milhares de anos antes de as pessoas detectarem ou suspeitarem da presença dos germes, Deus alertou Moisés sobre a misteriosa doença que era diferente de tudo o que o mundo já tinha conhecido.

A lepra veio para ser conhecida como um dos piores julgamentos de Deus, aquele que estava reservado para as pessoas culpadas de presunção e transgressão de sua autoridade e comando.

A lepra em alguns estágios era fatal, pavorosa, dolorosa, progressiva, humanamente incurável, desfiguradora, isoladora e extremamente contagiosa.

A lepra Leva à falta de sensibilidade e desprotege os pés e as extremidades

A lepra era especialmente eficaz em destruir as células nervosas, privando suas vítimas do importantíssimo aviso do sinal de dor. Elas não podiam sentir o que estava acontecendo nas extremidades de seu corpo, mas sentiam as "dores fantasmas" onde antes haviam estado seus dedos dos pés, das mãos e a face.

O que a doença não destruía, a falta de sensibilidade fazia através de uma infindável série de acidentes que danificavam os tecidos sem sensibilidade dos pés e das mãos, e que levavam à gangrena e infecção generalizada.

Muitos acreditam que as formas antigas da lepra eram bem similares à lepra moderna, denominada hoje de doença de Hansen ou hanseníase.[10]

A lepra de Naamã caiu com forte fúria sobre Geazi

A lepra que quase destruiu a vida de Naamã caiu com forte fúria sobre Geazi, o servo do profeta de Deus. Desde o pecado e a execução de Acã ninguém tinha sido atingido de forma tão forte por tocar prata e roupas.

Quando a lepra de Naamã se abateu sobre Geazi como havia profetizado Eliseu, o homem que lavava as mãos do profeta foi instantaneamente condenado à vida de leproso e banido da sociedade.[11]

O roubo de identidade já existia bem antes da chegada dos *hackers*, vírus e *spyware*... e chamava-se "lepra". Quando esse assassino silencioso saiu do corpo de Naamã para capturar o servo de Eliseu, o nome desse homem foi instantaneamente roubado. Sua identidade mudou em apenas alguns segundos de Geazi – cujo significado é "vale de visão" – para leproso (em inglês, "leper" que significa "golpe" ou "açoite, castigo" em hebreu).[12]

Sua vocação imediatamente mudou de "servo do profeta" para "mendigo sem casa, com lepra". Suas roupas mudaram por lei, e também seu endereço.

Por muitos anos Geazi usufruiu do privilégio único de compartilhar do endereço do líder mais poderoso e temido de Israel. Eliseu era muito mais poderoso e influente do que o rei de Israel! (É por isso que encontramos os anciãos da nação se reunindo com Eliseu, em vez de se reunirem com o rei.)[13]

Seria o mesmo que o seu endereço ser o da Casa Branca ou o Palácio de Buckingham em vez de sua modesta residência familiar. Tudo isso mudou em apenas um dia.

Seu novo endereço era o inferno

No momento em que Geazi apareceu à luz do dia tomado completamente pela lepra foi como se o seu endereço tivesse se transformado no "inferno"[14]. Os leprosos sempre viveram fora da cidade, fora da vila, separados de qualquer campo ocupado por "pessoas normais". Eles eram "mortos-vivos", e ninguém estava interessado em juntar-se ao clube.

Todos os Judeus conheciam as histórias, fábulas e lendas urbanas sobre "Geena", depósito de lixo da cidade de Jerusalém, no qual se mantinham constantemente fogos acesos para consumir o lixo da cidade dia e noite. Geazi não vivia em Jerusalém, mas vivia em outra capital judaica chamada Samaria, que, sem dúvida, tinha um lugar como este também. Era um depósito de lixo, o lugar onde os leprosos viviam.

Uma coisa é absolutamente certa: Geazi foi banido de coabitar com os demais porque se tornou um dos mortos-vivos. Seu novo endereço mudou da casa do profeta para fora dos muros da cidade,vivendo com a recusa dos demais cidadãos.

Era nos lixões da cidade, na terra de ninguém, sob as pontes das vias de trânsito rápido, nos sistemas de esgoto, e próximos aos pátios das rodovias que os desesperados, descartados, desacreditados, os recusados desgostosamente pela sociedade viviam. Uma vez que você estivesse no lixão chamado Geena, seu nome era apagado da memória.

Nos tempos de Jesus, Geena estava tão suja e degradada que Ele e seus discípulos a usavam como modelo profético na terra para se referir ao inferno, o lugar do fogo inextinguível, da escuridão e do julgamento divino.

Bem-vindo ao inferno de Geazi, o bairro onde morrer é mais fácil que viver. A lepra não era mais do que uma morte em vida, vivida em total separação da família, amigos, suporte ou aceitação da comunidade. Seu futuro não contém nada mais, apenas uma existência marcada pela solidão, dor e falta de esperança.

Se você tem lepra e ama as crianças, saiba que não poderá abraçá-las novamente. Esta é uma pintura de sua vida? A prova literal de seu amor era antes demonstrar quão longe você poderia ficar deles do que quão próximo você poderia estar deles.

Identifique-se: Imundo, imundo!

Quando algum leproso se aproximava, a Lei exigia que identificasse sua condição em voz alta enquanto escondia seu rosto e barba: "Imundo, imundo! Não se aproxime". Os residentes da Geena dos leprosos viviam literalmente nos montes de refúgio e depósitos sanitários da sociedade. Os membros da sociedade "dos limpos" que tinham mais compaixão (e eram corajosos) deixavam restos de comida para eles a uma distância segura.

Não só você morre, como morre sozinho. E morre uma morte desfiguradora e dolorosa. A solidão por si só é uma condição desfiguradora. Ela marca a face com sentimento de pesar e faz com que os olhos que antes brilhavam com alegria se afundem em suas órbitas, sentinelas de mágoa após mágoa, ancorados pelo espírito solitário e amargurado.

Você se sente sozinho, desfigurado e desonrado em sua dor? A vida e a alegria estão sendo drenadas de seu espírito e personalidade?

A cada dia que passava, os efeitos debilitantes da neuropatia (morte dos nervos) continuavam a avançar agressivamente das extremidades dos dedos das mãos e dos pés em direção ao coração.

A maldição da dormência rouba suas vítimas da liberdade, independência e da habilidade de interagir com o mundo ao seu redor. Podemos ver essa maldição atacando os espíritos de nossa sociedade de Prozac, induzindo à paralisação, dormência mutiladora do espírito – produzindo uma nação sem sentimentos, sem cuidados e dormente.

Era isso que a lepra fazia. Ela isolava, desfigurava e destruía. Não quero levar você às lágrimas, mas à medida que você lê este texto, alguma coisa faz chorar seu coração? Sou eu! Sinto-me descascado, desnudo, isolado, sozinho e vitimado por um verdadeiro roubo de identidade. Não sou mais o mesmo que costumava ser! Eu cometo erros, então o que devo fazer?

O que você faz quando sua correspondência é despachada para o inferno?

Geazi sucumbiu ao pesadelo paralisante de viver o inferno na Terra. As últimas memórias boas que ele tinha do ministério de Eliseu incluíam ver um Naamã molhado, regozijando-se sobre sua pele macia de bebê e sobre o milagre de ver um garoto morto ser levantado e restaurado diante de sua estupefata mãe. Como a miséria se acumulava ano após ano, talvez essas memórias estivessem se diluindo naquele mês.

Você já sentiu uma dor tamanha em sua vida que era como se seu endereço atual fosse o inferno? Você perguntou a si mesmo se morrer seria mais fácil do que viver? (Não é!)

Há apenas uma pessoa que pode lhe mostrar a saída.

Isso me lembra da cena de um filme sobre a vida de Mahatma Gandhi, o antigo líder indiano. Uma cena em particular captura o poder do que você está prestes a descobrir através da vida de Geazi.

Um banho de sangue político leva Gandhi a conduzir uma greve de fome pública com perigo de morte, que só seria interrompida se os muçulmanos e os hindus selassem a paz entre eles.

Embora Gandhi fosse hindu, ele conduziu a greve de fome na casa de um muçulmano em Calcutá. Ele estava tão fraco que seus amigos tinham medo que morresse. O governador muçulmano de Bengala, que ajudou a incitar as revoltas religiosas sangrentas em Calcutá, estava tão arrependido (e temeroso de perder um líder tão famoso e poderoso sob sua guarda) que desejava fazer tudo o que pudesse para ajudar.

Então um grupo de assassinos hindus que se fazia de grevistas se entregou e rendeu suas armas. O que parecia mais selvagem entre todos eles se manifesta e atira pão em Ghandi. "Aqui! Coma!" ele grita. "Vou para o inferno; mas não quero ter sua morte em meu espírito!"

Gandhi sussurra para ele: "Só Deus decide quem vai para o inferno. Diga-me, por que você está dizendo que vai para o inferno?"

"Matei uma pequena criança muçulmana! Bati sua cabeça contra a parede porque eles também mataram minha pequena criança."

Gandhi disse, "Vou lhe contar sobre um caminho para sair do inferno: Encontre uma criança muçulmana cujos pais tenham sido assassinados. Então, você e sua esposa a criem como se fosse sua."

Com um ar de quem não estava acreditando, o homem hindu solenemente se ajoelha para tocar os pés de Gandhi com a fronte antes de deixá-lo.[15]

Uma pessoa maior ainda do que Gandhi, disse:

"Conheço a saída para o inferno."

Esse líder, professor, filósofo e Salvador, não só nos liderou em um caminho tortuoso. Ele abriu portas onde não havia portas, depositando Sua vida no caminho sem saída da morte.

Este Rei dos reis pegou para si a lepra de nossos pecados, foi rejeitado e Lhe foi negada a morada definitiva em qualquer cemitério real. Muitos pensaram que Ele estava acabado e que Seu corpo abatido tinha sido colocado fora da cidade em uma tumba emprestada.

Mas Ele tinha planos após o fim de semana. Ele se levantou novamente e destruiu o poder do pecado – e a lepra – para sempre.

Uma pessoa pode achar que, uma vez que tal sentença-pesadelo tivesse sido pronunciada sobre Geazi, tudo teria se acabado também. Entretanto, notei algo enquanto estava lendo o resto do Segundo Livro de Reis que "vira a mesa" sobre tudo o que aprendemos sobre Geazi, o leproso. É hora para "o resto da história..."

Entendo que não importa em que vale ou depósito de lixo você mora, ou o quão miserável este ano possa ser. Jesus está dizendo: "Eu sei uma maneira de sair do inferno – siga-me!".

Capítulo 6

A alegria vem pela manhã

"Ele voltou!"

Geazi, o servo de Eliseu, já tinha caído no esquecimento do fracasso. Meu processo pessoal de pensamento despachou Geazi para a última lista dos fracassados na história da Bíblia.

Enquanto continuava a ler a história bíblica dos profetas e reis de Israel, o servo de Eliseu se tornou apenas outra marca mortal do fracasso. Ele era um monumento humano para o poder da ganância sobre o espírito dos humanos e sua inevitável decadência.

Depois de tudo, esse homem se viu com ambas as mãos no proverbial pote de biscoitos do ganho adquirido de forma ilícita. Ele não era apenas um fraudador. Ele roubou dinheiro de um ministro! Isso fazia com que Geazi fosse virtualmente "irrecuperável". Ele foi julgado e o profeta de Deus pronunciou as conseqüências de seu pecado imediatamente. Esse homem definitivamente teve uma "sentença rápida".

Contudo, a implementação de sua sentença não foi algo assim tão rápido. A jornada de Geazi para a morte como um leproso seria secreta, dolorosa, isolada e sem esperança. Parece apropriado para mim que o antigo servo de Eliseu tenha saído de cena, à medida que a narrativa do reino de Deus avança.

Este é exatamente o problema. Tudo parecia tão lógico e merecido que eu quase não percebi algo que virou a mesa sobre tudo o que eu pensava saber sobre Geazi. Tropecei nesta pista sobre o leproso quando estava lendo o Segundo Livro dos Reis.

Pode não ser apropriado citar Yogi Berra em conjunto com a Bíblia, mas combina: "Não está acabado até que termine".

Há duas pessoas cujas declarações dramáticas definem "retorno" na cultura de duas gerações.

O General Douglas McArthur aportou nas praias das Filipinas no primeiro estágio da Segunda Guerra Mundial, com esmagadoras forças japonesas derrotando suas tropas incontáveis e superarmadas esforçando-se para completar uma retirada de emergência. Logo após ter conseguido sair daquela praia filipina e embarcar em um navio, anunciou: "Eu voltarei" (Ele cumpriu muito bem a sua promessa e recapturou as Ilhas Filipinas mais tarde, na mesma guerra).

Para nossa cultura mais contemporânea, Arnold Schwarzenegger fez história no cinema quando seu personagem anunciou com um pesado sotaque austríaco a frase: "I'll be back!" (Eu voltarei).

Você alguma vez já fez este tipo de afirmação? (Talvez apenas para si mesmo) "Eu retornarei" ou "Eu voltarei"? Talvez Geazi tenha murmurado isso para si mesmo um milhão de vezes, ou disse isso aos outros milhares de vezes. Talvez ninguém acreditasse nele.

Aqui está o resto da história...

Nos versos depois do julgamento que foi aplicado à Geazi no Segundo Livro dos Reis, capítulo 5, continuei a ler sobre os reis e profetas que lideravam Israel, capítulos 6, 7, 8... Eu tinha quase caído no sono, quando algo me chacoalhou de meu "piloto automático" e enviou um alarme para o meu cérebro, avisando-me de que eu tinha passado por algo que não tinha notado.

Era hora de sair da zona neutra e realmente examinar algo que eu tinha acabado de ler. Levou apenas um momento para encontrar o que tinha disparado o alarme mental.

Lá estava, uma única palavra escorregou por uma passagem no capítulo 8, do Segundo Livro dos Reis. Parecia estar completamente fora da seqüência por algum motivo. Li novamente, pisquei, e depois li uma terceira vez somente para certificar-me de que estava lendo aquela passagem com bastante cuidado.

Quase passei por ela e estava na história da mulher rica e sem filhos que preparou um lugar para Eliseu, o profeta, e foi recompensada com um filho.

Quando o garoto morreu repentinamente enquanto estava nos campos com seu pai, a mulher levou seu filho morto ao quarto que ela tinha construído para o profeta e chamou por Eliseu.

Eliseu trouxe o garoto de volta da morte em um dos maiores milagres do Velho Testamento e depois avisou a mulher para que levasse seu filho para fora do país por sete anos – ele previu que uma grande onda de fome chegaria.

A mãe e seu filho imediatamente obedeceram, mas quando ela retornou sete anos mais tarde, descobriu invasores ocupando suas terras e sua casa!

A única coisa que chamou a minha atenção foi quando essa mulher e o filho entraram com uma petição na corte do rei para ajudá-los legalmente a expulsar os invasores.

> Ao final dos sete anos ela voltou a Israel e fez um apelo ao rei para readquirir sua casa e sua propriedade. O rei estava conversando com Geazi, servo do homem de Deus, e disse: "Conte-me todos os prodígios que Eliseu tem feito".[1]

Ele voltou!

Espere um minuto! Quem? De onde veio este homem? Por mais improvável que possa parecer, Geazi voltou! Se você estivesse lendo esta passagem enquanto lia a Bíblia casualmente, provavelmente não suspeitaria de nada incomum. A menos que você se lembrasse de que este "Geazi" tinha sido banido para o inferno da lepra incurável três capítulos antes!

Então, o que está Geazi, o leproso, fazendo aqui? O que aconteceu entre aquela época e agora para produzir essa incrível reviravolta? É um erro? Este é o mesmo homem miserável? Isso é evidência do derradeiro retorno ou somente um feliz acaso?

Não há dúvidas sobre isso: este é o mesmo Geazi. Ele é identificado pela frase "o servo do homem de Deus". Essa frase está no "tempo presente" na linguagem original das Escrituras Sagradas, não no particípio passado. Isso significa que ele tinha aparentemente restaurado a sua posição original com Eliseu, junto com uma aparente promoção para a sala do trono do rei! Que graça alcançada!

Podemos ver que ele retornou, mas de que forma ele chegou até lá? Faltam alguns capítulos nesta história! De que forma Geazi fez seu derradeiro retorno?

Todas as evidências previamente disponíveis mostram esse homem passando o resto da vida sob o poder da lepra. Quem ou o que substituiu a sentença de morte proferida pelo profeta de que Geazi morreria como leproso? Como ele recobrou o título presente de "servo de Eliseu" e depois pulou para uma posição real ao lado do rei? Ele era agora o contato oficial entre a corte do rei e o profeta?

A primeira regra para interpretação da Bíblia é estabelecer o contexto do que está acontecendo ou sendo dito. A última vez que ouvimos sobre esse homem, sua maior preocupação futura era encontrar formas para evitar que seus dedos caíssem.[2]

Pela a lei de Levítico e decreto profético, Geazi deveria se afastar para bem longe de todas as pessoas, exceto de outros leprosos, para o resto de sua vida! Em minha cabeça, os eventos que cercam a cura de Naamã, o sírio, e a maldição que se abateu sobre Geazi foram assinados, selados e "para sempre".

Deus gosta de grandes mistérios

Então como lemos sobre Geazi conversando em tal proximidade com um rei três capítulos depois de a lepra ter cobrido o seu corpo?

Talvez Deus goste de um grande mistério. Li em algum lugar que Ele chamou o Evangelho de Jesus Cristo – Seu grande plano para restaurar a humanidade – de "um grande mistério".[3]

Parte da arte de construir um bom mistério é a apresentação hábil e o gerenciamento do tempo e dos eventos. De que forma você conta parte de uma história enquanto mantém oculto e guarda em segredo o dramático clímax para o final?

Vemos isso em inúmeros e celebrados clássicos, novelas modernas, contos e filmes premiados. Eles começam a história pelo final ou próximo a ele – geralmente quando as coisas parecem as piores possíveis. Eles então voltam para trás para contar a história do começo até sua conclusão dramática final. Eles apenas juntam todos os pedaços para obterem um impacto máximo.

O autor de nossa existência costumava usar esta técnica muito antes de a civilização humana existir. "Eu sou Deus, e não há nenhum outro; eu sou Deus, e não há nenhum como eu".[4]

Por que deveríamos estar surpresos ao encontrar um "fim-surpresa" na Bíblia? O Livro da Vida está cheio delas. Apesar disso, fiquei surpreso ao encontrar Geazi fazendo coisas inesperadas em um lugar incomum com um improvável grupo de personagens.

O nome de Geazi aparece na Bíblia num total de 12 vezes. Três vezes o nome de Geazi aparece durante sua interação fatal com Naamã, o leproso sírio, e o roubo da prata e roupas.

Já tínhamos considerado o pecado e a queda de Geazi. Depois daquele encontro, Geazi começou a morrer dia após dia sob o flagelo da lepra, enquanto lutava para sobreviver nas sombras escuras e sob o peso de suas falhas e da maldição de Deus em sua vida.

Sua vida estava conectada a um improvável par

Minha busca por respostas levou-me a pesquisar todas as outras nove instâncias onde Geazi apareceu na Bíblia. O que confirmei em cada uma delas é que a vida de Geazi está de alguma forma ligada a um improvável par de pessoas: uma mulher sunamita e seu filho.

Quando o rei de Israel pediu à Geazi para que lhe contasse sobre todas as grandes coisas que Eliseu tinha feito, essa mãe e seu filho apareceram na resposta de Geazi porque eles eram parte do maior milagre de Eliseu:

> Enquanto Geazi contava ao rei como Eliseu havia ressuscitado o menino...[5]

Boas informações eram difíceis de ser obtidas naqueles dias quando as notícias chegavam tão rápido como o cavalo mais veloz, e quando a credibilidade decaía exponencialmente com cada pessoa que era adicionada à rede de informações. (O problema da credibilidade ainda é uma praga hoje em dia!)

Você tem a sensação de que este rei estava ansioso para finalmente descobrir uma testemunha de um milagre genuíno que aconteceu literalmente embaixo de seu próprio nariz real!

Nenhuma pista de como e de onde ele veio

Estamos certos de que era mesmo Geazi quem falava com o rei, mas não temos uma pista de como ou onde o rei se conectou a esse ex-leproso, que agora era seu confidente na sala do trono.

Geazi conta a história do maior milagre de Eliseu desde o começo. Eliseu era um profeta viajante, um pregador itinerante e homem sagrado. Então ele foi abençoado pela hospitalidade de uma rica mulher sunamita e seu marido. Eliseu regularmente passava a noite em um cômodo que eles tinham construído num anexo à casa da mulher sunamita, exclusivamente para seu uso.

Foi quando ele pediu ao seu assistente pessoal, Geazi, para perguntar à mulher sobre qualquer necessidade que ela tivesse. Ela estava tão bem financeiramente e politicamente, que não precisava de nenhum favor material ou político. Foi Geazi que observou e sugeriu que talvez ela pudesse gostar de ter um filho. Ela era incapaz de gerar crianças e estava casada com um homem muito velho.

Então, o profeta agiu de acordo com a sugestão de Geazi e profetizou que a mulher sunamita teria um filho mais ou menos na mesma época no próximo ano. A resposta que a mulher deu foi "Não me provoque".

O filho nasceu como havia sido prometido, mas quando estava perto da adolescência, ele desmaiou repentinamente com dor de cabeça enquanto visitava seu pai e os colhedores nos campos. Os trabalhadores o levaram até sua mãe, e o garoto morreu em seus braços.

A mãe carregou o corpo de seu filho para dentro do cômodo do profeta ao lado de sua casa e o deitou em sua cama. Essa mulher tinha depositado sua vida e seu futuro à procura das bênçãos de Deus por meio do profeta. E, naquele momento, ela depositou sua mágoa sobre a cama que ela tinha feito para Deus e para o profeta. Então ela correu para tentar encontrar o velho Eliseu. É nesse momento que Geazi entra em cena mais uma vez.

Eliseu estava no topo da montanha quando viu a mulher se aproximando a distância. Ele disse a Geazi para correr e ir ao encontro dela e perguntar se tudo estava bem com sua família.

Ela disse a Geazi que tudo estava bem, mas quando finalmente chegou perto do profeta se ajoelhou e abraçou seus pés em desespero.

Ele começou a afastar a mulher

Geazi correu rapidamente e começou a tentar afastar a mulher que se agarrava aos pés de Eliseu (provavelmente ele estava bravo, atrapalhado e com ciúmes porque ela tinha lhe contado que estava tudo bem e agora deixava claro para o profeta que estava visivelmente nervosa). Eliseu rapidamente disse a Geazi que a deixasse.

Os construtores de barreiras religiosas sem pistas sobre relações espirituais com freqüência tentam afastar as pessoas e limitar o acesso à presença de Deus – mesmo que saibam muito pouco sobre o assunto. Os discípulos tentavam remover as crianças que queriam sentar no colo de Jesus; e certificavam-se de que forasteiros que não fossem judeus solicitassem permissão antes de serem autorizados a vê-lo.[6]

Quando Eliseu ficou sabendo que o filho da mulher sunamita havia morrido, ele jogou seu cajado para Geazi e disse a ele para correr na frente até a casa da mulher e colocá-lo ao lado do corpo do garoto morto.[7]

Nada do que Geazi fez funcionou. O cajado do profeta não tinha poder nas mãos do servo. Geazi ficou frustrado.

Quando Eliseu ouviu Geazi reportar seu fracasso, ele se trancou na sala com o garoto morto e orou por ele duas vezes – na primeira vez, o corpo do garoto se aqueceu e, na segunda, ele espirrou sete vezes e foi restaurado para uma saúde plena.

Ela ignorou o pedido de Geazi

Mais uma vez Eliseu chamou Geazi e pediu que ele chamasse a mãe. Quando ela viu que seu filho tinha sido trazido à vida, ela aparentemente ignorou o pedido de Geazi para que pegasse o menino e partisse.

A mulher sunamita se dirigiu diretamente ao homem de Deus para agradecer-lhe por orar por seu filho. Só então ela pegou o filho em seus braços.[8]

Parece que Eliseu ainda não tinha terminado. Depois que curou e trouxe o garoto à vida através do poder de Deus ele adicionou alguma coisa extra.

Em Louisiana, de onde venho, temos uma frase em francês para "adicionou alguma coisa extra." É "lagniappe" (se pronuncia lán-yap). Quando você vai a uma loja para comprar algo na terra Cajun da parte sul da Louisiana, eles geralmente te dão um extra, um pequeno lagniappe. Se você comprar uma dúzia de ovos, o dono da venda ou quem cuida da loja lhe dá um ovo a mais.

Este velho costume francês vem da época da compra da Louisiana e é bem semelhante ao costume inglês chamado "baker's dozen", no qual o padeiro (baker) lhe dá 13 donut's ou pães em vez de 12.

Depois que Eliseu fez com que o garoto voltasse da morte, como extra ele disse à mãe do garoto: "Você precisa pegar sua família e se mudar da cidade por um tempo. Um tempo de fome terrível está chegando a Israel. Você pode voltar com segurança dentro de um período de sete anos."

Receber um milagre não é suficiente. Preserve o que você recebeu!

Por que Eliseu adicionou este aviso extra? O que você faria se Deus o usasse para trazer aquele garoto à vida e você soubesse que ele provavelmente enfrentaria a morte novamente?

Algumas vezes é preciso esforços sem precedentes para preservar o que Deus lhe deu. Essa verdade não é registrada por pessoas que conseguem bênçãos ou têm alguma coisa restaurada por Deus. Você pode ouvir Deus dizendo: "Olhe, eu o restaurei para você! Agora, o mínimo que você pode fazer é tomar todas as precauções possíveis para preservar o que eu lhe dei."

Deixe-me lhe perguntar algo: se Deus trouxesse seu filho à vida e depois dissesse, "Você tem de sair daqui por sete anos", você assumiria o risco de voltar depois de seis anos e nove meses? (Eu também não assumiria!) Acredito que a mulher sunamita e seu filho retornaram à Israel exatamente sete anos mais tarde.

Infelizmente, quando eles retornaram, ela e sua família descobriram que intrusos tinham se apossado de sua propriedade. Os "intrusos" eram pessoas que ocupavam ilegalmente as propriedades que não lhes pertenciam sem a permissão de seus donos legais. Esses intrusos naturalmente não queriam sair. Eles estavam na casa da mulher sunamita, comendo o produto de seus campos, e agora ela teria de despejá-los.

O profeta fez uma promessa – Era a hora do despejo

O rei possuía toda a autoridade legal em suas mãos, então a Bíblia nos diz que a mulher sunamita e seu filho solicitaram uma audiência com o rei para falar sobre o problema com os intrusos. O profeta havia feito uma promessa e eles queriam sua terra de volta.

> Eliseu tinha prevenido a mãe do menino que ele havia ressuscitado: "Saia do país com sua família e vá morar onde puder, pois o SENHOR determinou para esta terra uma fome, que durará sete anos". A mulher seguiu o conselho do homem de Deus, partiu com sua família e passou sete anos na terra dos filisteus. Ao final dos sete anos ela voltou a Israel e fez um apelo ao rei para readquirir sua casa e sua propriedade. O rei estava conversando com Geazi, servo do homem de Deus, e disse: "Conte-me todos os prodígios que Eliseu tem feito". Enquanto Geazi contava ao rei como Eliseu havia ressuscitado o menino, a própria mãe chegou para apresentar sua petição ao rei a fim de readquirir sua casa e sua propriedade. Geazi exclamou: "Esta é a mulher, ó rei, meu senhor, e este é o filho dela, a quem Eliseu ressuscitou". O rei pediu que ela contasse o ocorrido, e ela confirmou os fatos. Então ele designou um oficial para cuidar do caso dela e lhe ordenou: "Devolva tudo o que lhe pertencia, inclusive toda a renda das colheitas, desde que ela saiu do país até hoje"[9].

Mais interessado no reaparecimento do que na coincidência

Muitas das pessoas que lêem esta passagem notam rapidamente como é surpreendente a "coincidência" de que esta mulher e seu filho tenham chegado ao lugar onde ficava o trono no momento exato em que Geazi estava contando sua história para o rei. Foi em um momento inesperado, mas não houve coincidência. Não foi isso ainda que chamou minha atenção.

Era o aparecimento repentino do "misterioso homem que desapareceu do inferno" que me deixava perplexo. Como Geazi tinha aparecido novamente na narrativa bíblica? Achei que ele tinha sido relegado a uma leprosa excomunhão! Na verdade, até era possível que, sete anos mais tarde, Geazi já estivesse morto!

Geazi deixou a presença do profeta tão branco como a neve e desapareceu na classe dos esquecidos, deixando para trás somente um endereço: o inferno. Essa é nossa última foto do figurão que tentou enganar o profeta de Deus.

Então, como seu nome foi parar numa lista de VIPs? Como o encontramos no palácio real, conversando sobre o passado com o rei de Israel como se ele fosse um amigo de longa data?

Você não deveria estar no inferno?

Esse homem era um réu condenado. Ele deveria estar no inferno, não no palácio do rei. Era parte da sua sentença de vida administrada através do profeta Eliseu (um profeta que ainda estava bem vivo).

Se você fosse um leproso na sociedade judaica nos tempos de Eliseu, você não entraria na corte do rei. E você não poderia simplesmente se esquecer de tudo por estar na presença do rei. Você nem sequer conseguiria passar pelo portão em alguns casos.

Lembre-se de que os leprosos eram considerados ritualmente impuros e, por conseqüência, era como se estivessem mortos para as antigas sociedades judaicas. Você seria tratado como um morto-vivo, amaldiçoado a viver desfigurado em isolamento forçado.

Se você tivesse lepra, você não estaria cochichando ao ouvido do rei de Israel. Havia leis contra esse tipo de coisa. "Temos de proteger o rei de contrair lepra. Nenhum sussurro era permitido aos ouvidos do rei!"

É geralmente compreendido que quando você está proverbialmente sentenciado ao inferno pelo oráculo de Deus, você permanece lá. Naturalmente, alguma coisa aconteceu para orquestrar a fuga de Geazi da lepra e de sua infeliz morada no inferno! Como poderia um leproso passar um tempo com um rei?

Este simplesmente não podia ser Geazi, o leproso, sentado na corte do rei, conversando com ele! Lembro-me de ter lido sobre o rei Azarias de Judá, que contraiu lepra devido à sua desobediência. "Ele foi chutado para fora de seu palácio devido sua à doença." A Bíblia diz que seu filho teve de atuar como regente em seu lugar.[10]

Se um rei com lepra era expulso, imagine um servo com lepra! Mas aqui está ele – de volta do precipício! Nós já o tínhamos descartado.

Talvez algumas pessoas tenham feito o mesmo com você.

Sete anos e três versos de um milagre

Não parece um pouco estranho para você que essa mãe e filho tenham aparecido na vida de Geazi antes de ele contrair lepra? Eles reaparecem sete anos depois de uma época de fome. Apenas três versos após o misterioso reaparecimento de Geazi – evidentemente depois de ele ter sido curado da lepra!

O que aconteceu exatamente para unir a vida deles de maneira tão próxima? Como você pode explicar essa visita casual depois dos sete anos do dia em que o profeta fez a revelação e no exato momento em que Geazi estava repetindo a história que aconteceu com a mesma mãe e filho como artistas principais?

Isso marca o lugar onde o Autor Divino volta no tempo para estabelecer um desvio de rumo no mapa. Deus nos leva de volta para que possa recontar a história, para que possamos chegar a alguma conclusão misteriosa e divina.

Neste caso, Deus usou três versos para nos enviar de volta sete anos. Deus estabeleceu a cena para a chegada da mãe e do filho na "plenitude do tempo". No exato momento em que os lábios do leproso-transformado-em-conselheiro-da-corte completavam a história do milagre da mãe e do filho, eles repentinamente entraram na corte do rei!

Tenho boas notícias. Acredito que há uma "plenitude do tempo" para você! Acredito que suas promessas estão prestes a dar à luz!

Sete anos de mistério escondidos para serem esclarecidos

A data para que a promessa de Deus se concretizasse chegou quando Geazi misteriosamente ressurgiu das profundezas da lepra com uma nova vida e uma recente mudança de rumo. De alguma forma, esse homem saiu de sua participação como servo do profeta e transformou-se em servo do rei. Sabemos disso, mas há pelo menos sete anos de mistério escondidos para serem esclarecidos antes que possamos conectar esses dois pontos.

O que quer que tenha acontecido em sua vida durante estes desconhecidos anos coincidiu com a vida da mulher sunamita e de seu filho. Algo aconteceu que foi poderoso o suficiente para transportar Geazi de suas dificuldades com os leprosos do inferno na Terra até suas relações amigáveis com o rei no palácio real de Israel!

De alguma forma, em algum momento, durante aqueles dias e anos sombrios de inferno na Terra, Deus estabeleceu o cenário para a volta milagrosa de Geazi. E esta parece uma reviravolta derradeira de proporções bíblicas verdadeiras. De que forma Deus o fez?

Isso me faz lembrar de um outro tempo e de outro mistério.

Os fariseus, advogados e escribas sabiam de tudo – este Homem tinha sido acusado de blasfêmia e de denunciar os executores romanos. Seu destino estava selado. Seu túmulo também. Mas, lembrem-se de que um túmulo pode transformar-se num ventre!

O inferno acabou de anunciar que alguém escapou... Ele está de volta!

Seus cúmplices no inferno estavam confiantes também. Tudo o que podia ser feito tinha sido feito. Seu grande inimigo era agora seu maior troféu. Seu corpo foi trancado no túmulo e toda a esperança de que Seu reinado viria estava terminada. Então, algo aconteceu.

Os portões quebrados do inferno e o controle do poder destrutivo da morte anunciaram uma escapada! E os céus anunciaram: "Ele está de volta!"

As palavras "Ele está de volta!" se somam ao que sabemos sobre Geazi. Isso pede a pergunta "De que maneira Geazi voltou?" Como ele realizou este retorno derradeiro e incomum? Esse tipo de milagre está disponível para todas as pessoas? Você pode transformar uma noite ruim num dia bom?

Capítulo 7

Deus realiza o Seu melhor trabalho em segredo

Você pode transformar uma noite ruim em um dia bom

Geazi é um enigma (enigma é uma palavra chique para mistério, uma charada, um quebra-cabeça).

Sabemos o que ele era depois de deixar a presença de Eliseu: um leproso, amaldiçoado e condenado. Sabemos também o que ele parecia ser quando a mulher sunamita e seu filho apareceram na sala do trono do rei: restaurado e íntimo do rei.

Geazi obviamente era diferente nas duas circunstâncias. Ninguém poderia estar em tal proximidade e ter tal intimidade com o rei se tivesse lepra.

Então, o que aconteceu com o julgamento pronunciado para Gaezi em função de seu pecados? Ele foi perdoado? Se foi, quem arranjou sua volta e de que forma foi feita? Lembre-se de que Eliseu, o oráculo de Deus, declarou: "Por isso a lepra de Naamã atingirá você e os seus descendentes para sempre!"[1]

Isso parecia permanente. Fatal. Terminal. Como uma sentença de vida com nenhuma liberdade condicional. Uma maldição de proporções bíblicas. Uma doença incurável que resultava em desfiguração extrema e deterioração progressiva, levando a uma morte dolorosa. Geazi desaparece na escuridão da lepra e entra na neblina das pessoas esquecidas que parecem "não merecer serem lembradas."

Teria ele contratado uma equipe "superquente" de advogados especializados em defender clientes de altíssimo nível? Teria ele um parente poderoso no governo, ou teria algum figurão do alto escalão alterado sua sentença? Quem "mexeu os pauzinhos" para que sua sentença fosse alterada? Tudo isso poderia ter sido possível, não fosse o acusador e juiz ninguém menos do que Deus.

Como podemos começar a explicar o "caminho misterioso" do retorno de Geazi? Sua volta poderia ser similar de alguma forma a outras recuperações misteriosas do mundo de Deus?

Durante minha busca por respostas sobre a vida de Geazi, o Senhor pareceu trazer à minha mente outro personagem favorito da Bíblia: Ester.

Uma misteriosa habilidade para fazer o seu melhor em segredo

Na noite da vida de Ester em que tudo se aproximava de sua conclusão dramática, Deus novamente revelou uma misteriosa habilidade para fazer seu melhor trabalho em segredo.

Ester decidiu agir contra seu inimigo, Hamã. Ela preparou um banquete caprichado para o rei para criar a situação ideal para sua petição. Não há dúvidas de que ela tinha um misto de expectativa e ansiedade.

A Bíblia diz, "Naquela noite..."[2]

Você alguma vez já teve uma noite ruim, daquelas a qual você se referirá para sempre com a frase "aquela noite"? Bem, "aquela noite" para Ester foi realmente ruim. Foi ruim porque ela tinha planejado e tinha esperanças de que obteria uma solução para seu problema; ela conseguiu acesso ao rei, criou uma atmosfera e, no final da noite, sua situação não tinha mudado.

Talvez você já tenha passado por isso quando as coisas viraram-se contra você no seu serviço, no seu casamento, com seus filhos ou suas finanças. Você fez tudo o que sabia – foi à igreja, orou, até se ajoelhou no altar e ficou lá por mais tempo do que qualquer outra pessoa. Você deu mais dinheiro na hora das ofertas, você jejuou e fez tudo o que achava que tinha de ser feito, mas nada mudou. A sentença, o julgamento do que estava prestes a acontecer pairava sobre você.

A fé não é realmente testada durante uma sessão de adoração enquanto você está na presença do Rei. Sua fé será testada depois dessa etapa. É o que você faz depois que sai da igreja, depois da salvação, depois de ter feito tudo e de nada ter aparentemente mudado.

No caso de Ester, depois de arriscar sua vida para estar na presença do rei sem ser solicitada, seu inimigo ainda existia – seus poderes ainda estavam intactos, e seus planos prosseguiam. Ele estava pronto pra executar um assassinato legalizado contra todos os judeus existentes no Império Persa.

É dessa forma que sei que aquela foi uma noite ruim para Ester. O primeiro banquete foi concluído sem que nada tivesse sido conseguido. Acredito que ela estava totalmente a par de que os planos de seu inimigo prosseguiam. Ela tinha ciência de que o rei não sabia das terríveis dificuldades que ela e seu tio enfrentariam se o plano de Hamã para erradicar todos os judeus fosse bem-sucedido.

Apesar de todos os esforços de Ester (exceto revelar sua identidade secreta para o rei), nada funcionou; então Ester convidou o rei e Hamã para outro banquete na noite seguinte. Mas nada trabalhava a favor de Ester! A noite terminou e tudo o que podia ser feito era fazer planos para outra noite. Todos os planos de Ester pareciam ser em vão. Seria uma noite realmente ruim.

Quando todos foram para casa depois daquele banquete final, não creio que nenhum deles dormiu. A Bíblia declara definitivamente: "Naquela noite o rei não conseguiu dormir".[3]

Construindo um instrumento de execução durante toda a noite

Sabemos que Hamã não dormiu porque, por insistência de sua esposa e de seus amigos, ele decidiu buscar a permissão do rei Xerxes na manhã seguinte para executar Mardoqueu, o judeu, de maneira que ele pudesse estar feliz na noite do segundo banquete de Ester.[4]

Seu ódio contra Mardoqueu era tão intenso que Hamã aparentemente ficou acordado durante "aquela noite" para construir um instrumento de execução para o pai adotivo de Ester. Dessa forma, tudo estaria pronto e esperando pela ação antes da visita de Hamã logo cedo para pedir ao rei a execução.[5]

Enquanto isso, Ester estava presa por segredos que partiam seu coração e que ela não podia revelar para ninguém antes do momento apropriado. Ela lutava por saber que nenhuma decisão estava sendo tomada e nenhuma ação tinha sido engendrada para salvar seu povo. O júri continuava fora. Na verdade, a petição ainda não tinha sido apresentada!

No pequeno território encravado no alojamento das mulheres no palácio real, o tipo de construção fazia com que Ester pudesse ouvir os ecos dos trabalhadores de Hamã que atuavam à noite. Embora a Bíblia não confirme, acredito que Ester suspeitava de que Mardoqueu era a vítima escolhida para os desejos homicidas de Hamã (ela sempre teve boas relações de confiança com o eunuco do rei, que parecia ver e ouvir tudo).

Imagine o quão difícil era para a rainha Ester adormecer enquanto era forçada a ouvir o barulho dos martelos que batiam e o som estridente das serras. Parecia que ela estava ouvindo seu inimigo construindo um instrumento de execução para Mardoqueu, seu pai adotivo, o homem que a criou e a alimentou desde a sua infância.

Enquanto Ester se debatia, alternando entre preces de desespero e tentativas infrutíferas de conseguir dormir, Hamã arquitetava alegremente o fim de Mardoqueu. Enquanto isso, a Bíblia nos diz que "Naquela noite o rei não conseguiu dormir.[6]

O servo continuou a falar e a falar de forma enfadonha por um longo tempo, enquanto o monarca supremo olhava para o teto. De repente, sua atenção voltou-se para um parágrafo que descrevia os feitos de um escriba real chamado Mardoqueu. Esse homem soube de um plano para assassinar o rei, arquitetado por dois de seus próprios camareiros reais, os "guardiões da porta" (Hoje em dia, chamados de guarda-costas.).

Mardoqueu reportou estas notícias para a rainha Ester e ela se certificou da veracidade dessas informações, registrando-as no diário real. Depois que uma investigação confirmou o plano, os conspiradores foram pendurados numa forca.[7]

O rei ficou contente por ter sido lembrado daquele grande serviço que havia sido prestado ao trono, mas, de repente, ele se sentou de forma ereta na cama quando o servo abruptamente deslocou-se para o próximo registro. Essa não era a maneira real dos reis persas. Com certeza, este registro não foi finalizado!

Recompensa atrasada não é recompensa negada.

"Isto é o que se faz ao homem que o rei tem o prazer de honrar?", perguntou o rei. Quando soube que nada havia sido feito, o rei agiu imediatamente.[8]

Que descoberta interessante! O que os reis fazem quando eles não conseguem dormir? Eles checam os registros.

Você pode estar tolerando uma noite ruim ou talvez uma semana ruim, meu amigo, mas acalme-se. Estar passando por uma fase sem conseguir dormir não significa que teremos um rei "roncador". A Bíblia diz: "Sim, o protetor de Israel não dormirá; ele está sempre alerta!"[9]

Quando você enfrentar "aquela noite" que tira o seu sono, lembre-se de que seu Rei também está completamente acordado.

Enquanto Ester se virava de um lado para o outro, seu rei checava os registros e descobria a boa ação de Mardoqueu. A próxima coisa que sabemos é que o rei não estava mais checando os registros: tinha voltado sua atenção para planejar a recompensa de Mardoqueu!

O que aconteceu quando os planos de Hamã colidiram com os do rei? Com freqüência, o que o rei planeja em segredo é revelado em público. As circunstâncias fizeram com que Ester não ficasse sabendo o que o rei tinha planejado naquela noite. Tudo o que ela sabia era que os judeus tinham uma sentença de morte pairando sobre a cabeça e que parecia haver pouca esperança de que alguma coisa mudasse depois dos acontecimentos "daquela noite".

Como um morador da Louisiana, lembro-me de uma noite como aquela. No outono de 2005, respirei aliviado depois que o furacão Katrina passou por nossa cidade. Enquanto meus amigos do sul foram dizimados pelo Katrina, nossa cidade foi a maior cidade do norte naquela linha de devastação que nunca perdia o seu poder.

Meu suspiro de alívio durou pouco. Apenas algumas semanas depois, a irmã gêmea do Katrina, furacão Rita, visitou o nosso estado. Nessa ocasião, ele se dirigiu um pouco mais para o oeste e avançou pelo interior. Lembro-me "daquela noite" quando o furacão Rita atingiu a minha casa.

A devastação chegando às casas das outras pessoas é uma coisa ótima de se ver na tela da TV. Mas quando o furacão atinge a sua casa, então a janela do seu quarto substitui a janela eletrônica! Logo abandonei a televisão e me vi parado na janela do meu quarto. (A tevê tornou-se uma janela inútil para o mundo exterior porque a energia havia acabado.)

> ***Eu assisti ao furacão atingir não a casa de outra pessoa, mas a minha casa!***

Então meu olhar ficou permanentemente voltado para a janela da frente de minha casa e eu assisti ao furacão atingir não a casa de outra pessoa, mas a minha casa! Silenciosamente tranqüilizei minha família. Todos ficaram acordados o máximo que puderam agüentar.

Quando a eletricidade acabou, minhas filhas acordaram e eu rapidamente pedi que ficassem em silêncio e lhe disse novamente que eu acreditava que tudo ficaria bem.

Não sei se era minha fé que falava, ou era a voz de um pai tentando acalmar sua família. Na verdade eu não estava certo de que tudo ficaria bem e realmente não dormi naquela noite. Eu ia de janela em janela, observando os galhos batendo e os escombros voando pela rua. A temperatura começou a subir dentro da casa, pois não tínhamos eletricidade para ligar o ar condicionado. Meu medo também começou a aumentar. Eu vi o que um furacão pode fazer. Eu sabia que todos nós teríamos uma noite ruim.

Tempestades podem deixá-lo fraco e seco

Quando o sol começou a aparecer, os ventos começaram a se apaziguar. Minha exaustão me forçou a um merecido sono. Tínhamos sobrevivido. Não tínhamos nem energia nem água, mas estávamos vivos. Às vezes as tempestades fazem isso. Deixam você sem poder e seco. Para muitos de vocês o fato mais importante agora é bem simples: você ainda está aqui.

Satanás pode ter tentado levá-lo para um passeio, mas você ainda está aqui!

Mesmo depois de a tempestade ter passado, o problema ainda não tinha terminado completamente. Frustrações deixam pegadas profundas que geralmente levam muito tempo para serem apagadas.

Para Ester, o nome do furacão era Hamã. Para mim, o nome do furacão naquela noite era Rita. Não sei o nome do seu furacão. Pode ser depressão, ou divórcio, ou câncer, ou a perda de seu emprego.

A tempestade foi tão grande para Ester naquela noite que simplesmente espantar o terror não era suficiente. Mesmo depois das preces de Ester, os planos de Hamã continuaram. Os martelos batiam e as serras faziam barulho enquanto os planos do mal continuavam.

O que acontece quando o instrumento de sua morte está para ser finalizado amanhã?

É como se você visse uma pichação na parede dizendo que a construção do instrumento de morte do inimigo fosse ser finalizada no dia seguinte. Se hoje é uma "noite ruim", então amanhã parece ser "um dia pior ainda"!

O que Ester não sabia era que Hamã não dormiu, nem o rei. "Naquela noite o rei não conseguiu dormir..." Mesmo quando Hamã arquitetava alegremente a execução de Mardoqueu, um rei que não conseguia dormir checava seus registros e descobria os bons feitos de Mardoqueu.

Deus sempre checa os registros e sempre planeja uma recompensa. Lembrem-se de que quando os planos de Hamã colidem com os planos do rei, o que o rei planejou secretamente é revelado em público.

Os planos secretos do palácio triunfaram sobre a construção pública da forca de Hamã. "Aquela noite..." não é o final da história.

Ester 6.1 começa com "Naquela noite..."

Mas Ester 8.1 começa com "Naquele dia..."

Nem sempre a noite é ruim, ela apenas parece que é ruim. Uma noite ruim pode se transformar num dia bom se a fé não tiver sido abalada. Você pode se sentir como se tivesse passado por uma semana ruim ou um mês ruim, mas lembre-se: Seu Rei ainda está acordado! "O choro pode persistir uma noite, mas de manhã irrompe a alegria"![10]

Agora vamos falar sobre o potencial do que pode acontecer num "bom dia".

O plano secreto do rei colidiria publicamente com o plano de Hamã na manhã seguinte. Com a forca pronta e sua família planejando a celebração de sua vitória em casa, Hamã seria o primeiro oficial a entrar no pátio da corte do rei, esperando chamar a atenção dele antes que os cidadãos das castas inferiores pudessem atravancar o dia – ele tinha que atender a uma execução!

Obviamente, o rei ainda estava acordado, contemplando a recompensa de Mardoqueu quando Hamã apareceu para pedir a cabeça dele – literalmente. Quando o servo do rei anunciou a primeira chegada à corte, foi feita uma pergunta ao acusador de Mardoqueu (e onde ele forjou sua própria resposta):

> "O que se deve fazer ao homem que o rei tem o prazer de honrar?" E Hamã pensou consigo: "A quem o rei teria prazer de honrar, senão a mim?"[11]

Hamã não podia acreditar: tinha recebido carta branca para criar seu próprio dia dos sonhos. À medida que lemos esta passagem, descobrimos que a resposta de Hamã foi "ordena que tragam um manto do próprio rei e um cavalo que o rei montou, e que ele leve o brasão do rei na cabeça"[12]. Isso não era suficiente. Hamã queria mais!

> "Em seguida, sejam o manto e o cavalo confiados a alguns dos príncipes mais nobres do rei, e ponham eles o manto sobre o homem que o rei deseja honrar e o conduzam sobre o cavalo pelas ruas da cidade, proclamando diante dele: 'Isto é o que se faz ao homem que o rei tem o prazer de honrar!'"[13]

Mesmo a leitura mais velada nos dá uma pista do ego gigante de Hamã – ele queria ser rei! Sua ambição secreta em ser reverenciado publicamente e receber aclamação real estava aparecendo. Ele pensou que tudo o que se falava era sobre ele! Ele entrou arrogantemente no pátio interior da casa do rei para fazer uma acusação, mas ao contrário, lhe fizeram uma pergunta. Algumas vezes nosso ego preenche um cheque que nosso caráter não pode pagar.

Hamã começou "aquele dia" com muitas esperanças. Primeiro ele apreciaria uma parada real surpreendente e sem precedentes em sua homenagem naquela manhã. Sua agenda para a tarde estava bloqueada para o longo, esperado e vingativo assassinato do odiado Mardoqueu. Tudo isso seria seguido por uma exclusiva audiência à noite e um banquete com o rei e a rainha.

Então, os planos de Hamã se chocaram com os do rei e as coisas mudaram. Permanentemente. A agenda real estava prestes a tornar-se totalmente pública.

Você pode imaginar a cena? Assim que Hamã começou a dizer, "Agora, Sua Majestade, sobre Mar...", ele foi interrompido abruptamente pelo rei. O monarca, que não havia conseguido dormir, também tinha uma cerimônia real para atender.

Depois de ouvir o "plano dos sonhos" de Hamã, o rei retrucou: "Esta é uma excelente idéia!"

"Hamã, pegue meu cavalo..."

Posso visualizar Hamã balançando sua cabeça diante de sua boa sorte.

"E pegue minha coroa e meu manto. Faça tudo o que você disse..."

Hamã abaixou a cabeça como um sinal de falsa modéstia enquanto respirava profundamente, como uma manifestação por estar sendo tão aclamado.

"... para **Mardoqueu**, que está sentado nos portões."

Gostaria que você e eu pudéssemos estar lá naquele dia para ver a cara de desapontamento de Hamã quando descobriu que ele não era o objeto desse grande esquema de autopromoção, mas sim Mardoqueu!

Então o rei prosseguiu, dizendo: "E Hamã, não consigo pensar em dignitário melhor para liderar Mardoqueu pelas ruas da cidade do que você". O que Hamã pensou que seria um bom dia no qual o inimigo seria executado, tornou-se um dia ruim para ele.

E o que Ester e Mardoqueu pensaram que seria um dia ruim, transformou-se num dia bom quando Mardoqueu foi reverenciado e Hamã diminuído e esmagado![14]

Em apenas uma noite o "homem que Hamã planejou assassinar" tornou-se "o homem que o rei desejou agraciar". A sabedoria antiga sempre disse que quando um homem é amigo do rei, seus inimigos tornam-se os inimigos do rei. O valor da fama política de Hamã estava desabando. Esse era o começo do fim de Hamã, e o fim do começo de Ester e Mardoqueu.

O dia ruim de Hamã estava prestes a ficar muito, mas muito pior. Não só ele estava no final da lista de honrarias do rei, mas ele tinha aquele pequeno problema da forca construída em seu quintal – aquela que ele tinha construído para Mardoqueu.

Depois de a parada terminar, Mardoqueu retornou com honras sem precedentes ao portão do rei. Por outro lado, Hamã, com vergonha, cobriu a cabeça e retornou à porta de entrada como se estivesse no cortejo de um funeral. Assim que cancelou sua festa de celebração e lamuriou-se sobre sua tristeza com parentes e amigos, os guarda-costas do rei chegaram para escoltar pessoalmente o obscuro oficial até o banquete com a rainha. Esse era o banquete ao qual ele tinha planejado comparecer com alegria, sem a presença Mardoqueu.

Primeiro, a execução se transformou numa parada. Agora o banquete se tornaria uma charada. Talvez Hamã tivesse esperança de que ele ainda pudesse salvar sua carreira decrescente quando avistasse o rei e sua adorável rainha. Ele deve ter confortado a si mesmo em relação ao seu "dia ruim" com a afirmação "Pelo menos eles ainda gostam de mim..."

Quando os convidados da rainha estavam totalmente satisfeitos com o banquete, o rei pediu à rainha Ester mais uma vez que lhe contasse o que ela não havia revelado na noite anterior, "Qual é a sua petição?" Nem o rei nem Hamã estavam preparados para a sua resposta.

Depois de seguir os protocolos usuais da corte para dirigir-se formalmente ao rei, a Rainha Ester disse:

> "Se posso contar com o favor do rei, e se isso lhe agrada, poupe a minha vida e a vida do meu povo; este é o meu pedido e o meu desejo. Pois eu e meu povo fomos vendidos para a destruição, morte e aniquilação. Se apenas tivéssemos sido vendidos como escravos e escravas, eu teria ficado em silêncio, porque nenhuma aflição como essa justificaria perturbar o rei".[15]

Hamã queria estar em qualquer outro lugar, menos em uma audiência particular naquele momento. "Sua boa noite" tinha começado a se transformar em seu pior pesadelo.

"Quem se atreveu a uma coisa dessas? Onde está ele?"[16]

Esta era a hora de Ester. Seu dia bom tinha se transformado em uma noite excepcionalmente boa!

> Respondeu Ester: "O adversário e inimigo é Hamã, esse perverso".
>
> Diante disso, Hamã ficou apavorado na presença do rei e da rainha".[17]

Quando Ester apontou para Hamã, o rei ficou tão furioso que teve de deixar a sala e, nesse meio-tempo, procurou pelos seus guarda-costas.

Hamã se deslocou até Ester, se dobrou e começou a rogar pela misericórdia dela – foi quando o rei retornou com seus guarda-costas. "Chegaria ele ao cúmulo de violentar a rainha na minha presença e em minha própria casa?" E os guarda-costas reais imediatamente cobriram a cabeça de Hamã com um saco.[18]

Na noite anterior, Hamã tinha planejado resolver seus problemas pendurando Mardoqueu em uma forca especialmente construída em seu quintal.

O guarda-costas do rei lhe contou sobre a forca e explicou que tinha sido construída para a execução de Mardoqueu. O rei ordenou que Hamã fosse pendurado em seu próprio quintal, na mesma forca que ele havia construído para Mardoqueu.

Estamos falando ainda sobre o potencial do que pode acontecer num "dia bom". Quando os planos do rei se chocam com os do inimigo, tudo pode acontecer!

> Naquele mesmo dia, o rei Xerxes deu à rainha Ester todos os bens de Hamã, o inimigo dos judeus. E Mardoqueu foi trazido à presença do rei, pois Ester lhe dissera que ele era seu parente. O rei tirou seu anel-selo, que havia tomado de Hamã, e o deu a Mardoqueu; e Ester o nomeou administrador dos bens de Hamã.[19]

Hamã passou uma existência – mesmo que tenha sido um espaço curto de tempo – acumulando riqueza, possessões e terra. Em apenas um minuto, sob o comando do rei, tudo o que o diabólico Hamã possuía foi transferido para Ester. Então Ester passou o controle da riqueza de Hamã para o seu pior inimigo – Mardoqueu.

Em termos bíblicos, isso incluía tudo o que havia em sua casa: todos os camelos, vacas, ovelhas, servos, empregadas.

Algumas vezes crescemos deprimidos observando o nosso inimigo acumular coisas, mas poderia ser que, de acordo com os planos do rei, o inimigo não estivesse acumulando para si próprio? O que aconteceria se ele simplesmente estivesse acumulando e tomando conta de suas coisas, até que chegasse a sua vez?

Os planos secretos do rei causaram uma reviravolta divina na fortuna que permitiu à família de Ester e Mardoqueu subir para um lugar sem precedentes de proeminência e provisão. A noite ruim de Ester tornou-se um bom dia. Na verdade, o processo já estava sendo executado enquanto ela se preocupava!

Se você tivesse perguntado a Ester "naquela noite" como estavam as coisas, ela teria dito, "Muito mal". O que ela não sabia era que o rei estava fazendo seu melhor trabalho em segredo. O que você pode não saber é que enquanto você tenta sobreviver, o plano secreto de Deus para você está prestes a ter sucesso!

Na noite mais sombria de Ester, a insônia divina abateu-se sobre um poderoso monarca e fez com que ele revisasse os registros reais e planejasse a restituição real em homenagem à Mardoqueu. A escuridão da noite geralmente combina com aquelas noites escuras do espírito que todos nós experimentamos na vida, as estações nas quais a esperança parece perdida e sentimos medo de que o sol nunca mais se levante para nós novamente.

Deus trabalha no turno da noite

Para Ester e os incontáveis judeus que viviam sob o poder do Império Persa "naquela noite", as coisas pareciam ruins, como se fosse o começo do fim. Como eles descobriram no dia seguinte, Deus trabalha no turno da noite.

Estamos todos falando sobre um Deus que pode criar mundos em um único dia. Imagine o que poderia acontecer se Ele ficasse acordado por toda a noite? Sua habilidade retorna, e retorna miraculosamente mesmo quando nos desesperamos por nossas circunstâncias. Deus tem a palavra final, e Ele faz seu melhor trabalho em segredo.

Podemos ler isso em Deuteronômio **29.29**:

> "As coisas encobertas pertencem ao SENHOR, o nosso Deus, mas as reveladas pertencem a nós e aos nossos filhos para sempre, para que sigamos todas as palavras desta lei..."[20]

Deus pode trabalhar na escuridão – na verdade Ele realiza seu melhor trabalho em nossos "tempos escuros". Com certeza Ele pode transformar sua noite ruim em um dia bom – ele fez isso para Ester. Ele fará isso para você! Você se lembra que o capítulo 8 de Ester começa com as palavras "Naquele dia..."? ... "havia alegria e júbilo entre os judeus, com banquetes e festas!"[21], naquele dia.

A história de Sansão pode ser a sua história

Você se lembra da história de Sansão? Ele foi o homem cuja reputação foi restaurada de tal maneira, que ele foi colocado no Hall da Fé do Livro dos Hebreus. Essa história nos dá outra prova do trabalho de restauração secreto de Deus nos bastidores. Sansão tinha todas as características de um herói e líder. Começou sua carreira espetacularmente e humilhava seus inimigos, os filisteus, com freqüência. Ele zombou de seus melhores guerreiros e de suas ciladas mais bem elaboradas.

Mais uma vez, sob o ponto de vista de Deus, Sansão aparentava ser forte por fora, mas era fraco por dentro. A força exterior não era suficiente; Ele queria restaurar o homem interior de Sansão.

Quando seu talento exterior é maior do que seu caráter interior, há com freqüência uma colisão. A colisão de Sansão foi espetacular, mas sua restauração também foi. Aprendemos a partir de sua história que Deus restaura "o homem interior" antes que haja uma evidência exterior.

Sansão era um "He-Man" com uma "She-Ha fraca"

As fraquezas de caráter de Sansão traíram o presente que Deus lhe deu e descarrilaram seu chamado espiritual. Ele dispensou os avisos de Deus e cruzou livremente as fronteiras da segurança e da propriedade. Quando Dalila traiu Sansão e cortou sete mechas de seu cabelo, fez com que ele caísse nas mãos cruéis de seus inimigos.

Por alguma razão, Dalila significa "delicada". Devo adicionar, "delicada, mas perigosa". Sansão era um "He-man" com uma "She-Ha fraca". Ele não podia ser derrotado pelas mãos fortes de um homem, mas foi derrotado pelas mãos fracas de uma mulher.

Cego, humilhado e amarrado a uma roda de moinho com correntes de bronze, Sansão moeu grãos como um boi de carga em um espetáculo público. Vivendo em sua própria escuridão, ele parecia mais um animal em exibição no zoológico do que um juiz de Israel.[22]

Sansão pecou contra Deus, traiu sua nação e trouxe desrespeito a sua família. Agora, mesmo os tipos mais baixos da cultura dos filisteus ridicularizavam sem medo o cego cativo.

O crescimento dos cabelos de Sansão alavancou o seu retorno!

Deus, que faz o Seu melhor trabalho em segredo, ouviu as lamúrias humilhadas e repetidas de Sansão. Um retorno surpreendente já tinha começado no dia em que o cabelo começou a crescer novamente na cabeça de Sansão. O crescimento dos cabelos de Sansão alavancou o seu retorno! O que antes estava morto em seu espírito pode voltar a crescer.

Os filisteus tolamente esqueceram que somente depois de terem raspado as sete tranças de cabelo é que eles obtiveram o controle. Eles não perceberam que o cabelo de Sansão havia começado a crescer novamente, mas Deus percebeu – e Ele nunca esquece Suas promessas.

À medida que o cabelo de Sansão crescia mais e mais e o tempo encurtava, uma surpresa estava surgindo bem debaixo do nariz dos filisteus. O homem interior de Sansão estava crescendo mais forte do que seu homem exterior.

Finalmente, no que parece ter sido o pior dia de uma longa corrente de dias ruins sem interrupções, Sansão rogou repetidamente por Deus. Três mil filisteus se reuniam para uma grande festa e o cego Sansão era o entretenimento.

Em sua excitação, os filisteus pediram que Sansão fosse removido de onde estava na prisão para um lugar proeminente entre os dois pilares centrais do local aonde se reuniam. Os senhores e líderes fizeram com que Sansão os entretivesse, e começaram a zombar dele e a abusar desse antes tão temido guerreiro israelita.

> ***Seu desejo interior se tornou força exterior com eternas conseqüências.***

Talvez ninguém, mas apenas Deus percebeu que quando os filisteus acorrentaram Sansão na posição entre os pilares, seu velho inimigo parecia-se muito mais com o que era em seus dias de poder. Cego, mas com os cabelos totalmente crescidos, Sansão tinha se dedicado novamente ao Senhor. O palco estava agora pronto para um retorno!

Quando Sansão disse, "Ponha-me onde eu possa apalpar as colunas que sustentam o templo, para que eu me apóie nelas"[23], o desejo interior tornou-se força exterior com conseqüências eternas. Você tem de senti-lo internamente antes que você possa fazê-lo externamente.

Enquanto outros teriam desistido, Sansão fez uma prece de fé e desespero. Depois de viver uma vida de autodedicação e autogratificação, Sansão estava totalmente focado em destruir os inimigos de seu povo. Se isso custasse a sua vida, não significaria nada.

Esse fato lembra-me de algo que alguém disse uma vez, alguém que se tornou um campeão de Deus: "porque para mim o viver é Cristo e o morrer é lucro".[24]

O juiz que falhou fez uma prece de retorno

Sansão, que tinha sido um juiz de Israel, pediu ao jovem filisteu que o havia guiado para deixá-lo entre os pilares de suporte da arena. Então, Sansão orou uma abnegada prece de retorno, pedindo a Deus que olhasse para ele novamente, e que desse a ele força sobrenatural mais uma vez. "Ó Soberano SENHOR, lembra-te de mim! Ó Deus, eu Lhe suplico, dá-me forças, mais uma vez, e faze com que eu me vingue dos filisteus por causa dos meus dois olhos!"[25]

Então Sansão esticou seus braços cheios de cicatrizes, um para a esquerda e o outro para a direita até que conseguiu pressionar suas mãos de palmas calejadas contra os dois pilares que suportavam o teto do edifício lotado de pessoas.

Respirou profundamente e começou a empurrar as colunas – com tal força sobrenatural que era como se estivesse colocando para fora anos e anos de fracasso. Capacitado pelo Deus que faz o seu melhor trabalho em segredo, esse juiz de Israel estava prestes a sentenciar seus inimigos com um julgamento final. Ele havia sido restaurado embaixo de seus narizes!

> Disse Sansão: "Que eu morra com os filisteus!" Em seguida ele as empurrou com toda a força, e o templo desabou sobre os líderes e sobre todo o povo que ali estava. Assim, na sua morte, Sansão matou mais homens do que em toda a sua vida.[26]

O fato é que Israel tinha inimigos fracos e mais liberdade "naquele dia" do que em qualquer dos momentos sob a liderança de Sansão como juiz de sua nação.[27] Ele havia sido restaurado!

Revendo as palavras ditas por Jesus

Em incontáveis línguas e cenários culturais, pregadores, professores e pessoas com problemas têm relembrado as palavras que Jesus gritou quando estava na tumba que aprisionava Lázaro: "Lázaro, saia para fora!"[28]

Uma "rhema" (rhema = palavra, em grego) impediu todos os outros Lázaros que haviam sido enterrados em Israel de saírem de seu túmulo.[29] Ele é específico: "Isso é para você, Lázaro".

João, chamado Marcos, foi outro homem que retornou de um fracasso miserável. Sabemos como ele falhou em Atos dos Apóstolos, e como ele foi rejeitado e tratado como indigno para trabalhos missionários por um dos missionários mais respeitados e poderosos.

Como retornar da zona morta do fracasso?

Marcos fracassou miseravelmente como membro do time do ministério. Ele foi escolhido para acompanhar Barnabé e Paulo na primeira viagem de seu ministério, mas se acovardou e desertou diante das pressões e desafios do campo de batalha. Ele abandonou Barnabé e Paulo e retornou para casa sozinho; deixando os dois apóstolos prosseguirem sem ele.[30]

(As Escrituras Sagradas não dizem algo sobre alguém que coloca sua mão no arado e olha para trás?)[31]

Os apóstolos completaram sua jornada com históricos resultados e por fim retornaram para casa. Algum tempo depois, enquanto planejava outra grande jornada apostólica nas terras dos gentios, Barnabé queria levar Marcos novamente, mas Paulo não quis.

O fracasso de Marcos deixou marcas tão profundas em Paulo, o Apóstolo, que ele se recusava a levá-lo, mesmo que isso significasse ir sem Barnabé! Marcos não tinha apenas falhado; ele tinha cavado sua própria sepultura e tinha pulado dentro dela.

> Barnabé queria levar João, também chamado Marcos. Mas Paulo não achava prudente levá-lo, pois ele, abandonando-os na Panfília, não permanecera com eles no trabalho. Tiveram um desentendimento tão sério que se separaram. Barnabé, levando consigo Marcos, navegou para Chipre, mas Paulo escolheu Silas e partiu, encomendado pelos irmãos à graça do Senhor. Passou, então, pela Síria e pela Cilícia, fortalecendo as igrejas.[32]

O descrédito de Paulo com relação a Marcos parecia permanente

Está claro para nós como e onde Marcos falhou. O descrédito de Paulo em relação ao sobrinho de Barnabé é indiscutível, mesmo com a passagem do tempo. Qualquer pessoa que desse uma olhada diria que ele é permanente.

Algumas vezes o que você precisa é de um ente querido que não o abandone. Foi um ente querido chamado Barnabé (o filho da consolação) que "não podia aceitar uma falha" que contribuiu para a reviravolta de Marcos. Eles simplesmente não podiam deixar você se afogar no mar de seus próprios erros.

Então, bem no final da vida de Paulo, foi a Marcos que ele apelou. Mais uma vez, não sabemos o que aconteceu nos anos ocultos entre o fracasso de Marcos e sua permanência com Paulo no final de seu ministério. Alguma coisa deve ter acontecido para transformar o fracasso em sucesso, um covarde em um herói. Em uma carta para seu discípulo e apóstolo em treinamento, Timóteo, Paulo escreveu :

> Procure vir logo ao meu encontro, pois Demas, amando este mundo, abandonou-me e foi para Tessalônica. Crescente foi para a Galácia, e Tito, para a Dalmácia. Só Lucas está comigo. Traga Marcos com você, porque ele me é útil para o ministério.[33]

No começo, Marcos não conseguia sequer suportar os rigores da viagem. No final, Marcos permaneceu firmemente com Paulo – mesmo diante da desaprovação oficial e perseguição de Roma e Jerusalém.

Tudo o que é necessário é um instante de arrependimento, uma única e sutil mudança no coração e Deus inunda a cena com poderes nunca antes vistos. A presença de Deus pode mudar tudo.

Todas estas histórias são boas, mas ainda não nos dizem de que forma nosso principal personagem, Geazi, apareceu novamente, aparentemente restaurado.

Por que temos de nos aprofundar tanto para entender este misterioso retorno? Talvez seja para nos dar esperança de que, de alguma forma, – de algum jeito que não podemos ver – uma restauração pode acontecer em nossa vida. Você precisa de restauração em algum lugar de sua vida?

Você não gostaria de ver um tsunami de restaurações transformar sua situação tão completamente que todos notariam a mudança? Você gostaria de ouvir as pessoas dizerem: "Da última vez que o vi as coisas não estavam tão bem. Olhe para você agora! Conte-me, como isso aconteceu?"

Este ainda não é você. Você ainda pode estar na escuridão. Se isso é verdade, tenha coragem. Quando Deus está pronto para operar um trabalho de restauração, Ele faz seu melhor trabalho na escuridão!

Deixe-me lhe dar um exemplo: quando Deus estava pronto para realizar o trabalho de redenção na cruz, Ele apertou o botão "off" do sol e fez com que a escuridão se abatesse sobre a Terra.[34] Era como se Ele estivesse dizendo: "O que estou prestes a fazer é tão incrível que você nunca entenderá ou conseguirá lidar com isso sem a minha ajuda. Então vou apagar as luzes." (Ele apaga as luzes para que ninguém possa dizer, "Eu vi tudo, eu entendi tudo".)

Neste ponto, tudo o que posso lhe dizer novamente é que algumas vezes Deus faz seu melhor trabalho em segredo. Quando você está em desespero em uma prisão, Deus freqüentemente cria espaço para um perdão! Você não sabe. E os outros também podem não saber.

Talvez você saiba como é viver em isolamento, tentando sobreviver na selvageria do fracasso, no deserto da dor interminável e dolorosa. Então, de alguma forma, você não sabe o que ou como acontece, mas, de repente,você está no caminho da restauração!

Seus erros o colocaram sob uma maldição?

Você pode se sentir como se tivesse cometido tantos erros graves em sua própria vida que está vivendo sob uma maldição permanente. Se Deus pôde restaurar Geazi, então Ele pode restaurá-lo! Mas deixe-me alertá-lo: "Não deixe seu passado ditar o seu futuro".

Geazi teve sete anos para recordar cada detalhe de sua vida. Ele lutou para manter a vida em seus membros e a esperança no coração.

Imagine passar quase oito longos anos relembrando cada passo que ele deu em sua triste jornada de uma vida de bênçãos para uma vida sob uma maldição terminal.

A lição foi ensinada à Geazi, mas ele não ouviu!

> ***Não deixe seu passado ditar o seu futuro.***

Pode ser que Geazi passou sete anos em contrição e arrependimento porque ele não aprendeu "a lição dos sete mergulhos"?

Finalmente, ele disse: "Deus fez o que fez para Naamã. Ele pode fazê-lo para mim." Foram necessários sete mergulhos para Naamã. Para Geazi, foram necessários sete anos.

Não se prenda ao tempo de recuperação – focalize-se na obediência. Algumas pessoas se recuperam tão rapidamente que podemos chamálas de "maravilhas dos sete mergulhos". Não caia nas armadilhas da inveja, regozije-se com elas e aprenda com suas lições.

Talvez se sinta como as pessoas que se recuperam vagarosamente – algumas vezes questionará se, algum um dia, irá se libertar! Permita que Deus siga seu caminho. A restauração está sendo realizada – possa você ou não explicá-la ou antecipar sua chegada de forma precisa.

Porque nos é permitido olhar pela janela das Escrituras Sagradas para ver "o fim do começo" da vida de Geazi, sabemos que de alguma forma Deus prepararia este ex-servo do profeta para uma segunda chance não merecida e inesperada.

Geazi está prestes a se transformar no "garoto do pôster" para a esperança e restauração. Se ele pode voltar, então você também pode! Talvez a vida dele se torne o mapa da mina para o seu caminho de volta!

Deus sabe como mudar e transformar os "Geazis" modernos na preparação para um improvável retorno.

Muito da forma como tudo aconteceu na vida de Geazi é um mistério. Simplesmente não sabemos o que não aconteceu. Só sabemos que aconteceu! Geazi experimentou o derradeiro retorno. Mas talvez possamos fazer algumas adivinhações de como tudo aconteceu.

Capítulo 8

Uh-oh... tive um mau pressentimento

"Não estamos fazendo a coisa certa..."

Sete anos depois de ter sido coberto pela lepra e condenado à mais amarga morte com seus filhos, Geazi aparece novamente, bem vivo. Seu corpo está intacto. A lepra desapareceu natural e misteriosamente, e este, antes banido, é agora uma proeminente e distinta pessoa.

De fora da cidade para dentro da corte. O que pode explicar tal milagre, uma volta "dos bastidores"? (Você pode imaginar alguns dos meus processos de pensamento à medida que eu estudava as Escrituras Sagradas).

Sei que Geazi se tornou um leproso e seus filhos também. Assisti ao seu desaparecimento das páginas da Bíblia – ele simplesmente não está lá – em nenhum lugar.

Mas então este homem aparece novamente três capítulos mais tarde – na presença do rei de Israel e aparentemente sem nenhum sinal da lepra.

Deus, que é bom e grande, me dá algumas pistas: como Você fez isso? Esse cara era mau. Ele estava roubando dinheiro, mentindo e forjando histórias para manipular as oferendas de pessoas bondosas!

> Estamos falando de abuso de poder do mais alto nível! Deus, como Você pôde restaurar alguém como ele? Ele foi amaldiçoado, e ele mereceu! Ele era um morto-vivo e assim também eram seus filhos.
>
> Vemos o nome de Geazi oito vezes antes de ele decidir seguir o ouro de Naamã. Depois o nome dele reaparece ao mentir para o profeta Eliseu, um pouco antes de ser amaldiçoado com a lepra por uma existência.[1] As duas últimas vezes em que Geazi aparece, ele está com o rei.[2] Mas não há sinal de Geazi entre esses eventos – nem uma menção sequer de seu nome. Humm...
>
> Bom, talvez a Bíblia não se refira a ele pelo nome. Talvez apenas fale sobre alguma coisa que marque sua identidade.
>
> Agora Geazi era um leproso. A lepra pode aparecer em al-

gum lugar da narrativa da Bíblia. Lepra, leprosos, leprosos... Há algum lugar na Bíblia, entre a maldição de Geazi e sua aparição na sala do trono, que faz referência à lepra?

Agora serei teológico e teórico

As únicas referências que encontrei na narrativa que se referem aos leprosos ou à lepra foram duas menções em 2 Reis, capítulo 7.[3]

> Havia quatro leprosos junto à porta da cidade. Eles disseram uns aos outros: "Por que ficar aqui esperando a morte? Se resolvermos entrar na cidade, morreremos de fome, mas se ficarmos aqui, também morreremos. Vamos, pois, ao acampamento dos arameus para nos render. Se eles nos pouparem, viveremos; se nos matarem, morreremos..."[4]

Você observou a palavra "leprosos"?

Achei essa curiosa passagem no segundo livro dos Reis, entre a partida de Geazi e seu grande reaparecimento.

Essa menção à lepra se conecta à Geazi? Isso é possível? Isso é provável? Quem são estes leprosos sentados à porta? O que aconteceu com eles?

Sabemos que Geazi foi restaurado, mas a verdade é que não sabemos como ele foi restaurado. A Bíblia não detalha como isso aconteceu; somente que aconteceu.

Sobre qual fome esses leprosos estão falando? Pode ser esta a fome a qual o profeta se referiu quando falou com a mulher sunamita? Está no lugar correto. Eliseu disse a ela: "Saia do país com sua família e vá morar onde puder, pois o SENHOR determinou para esta terra uma fome que durará sete anos".[5]

Isso pode explicar por que em algum lugar próximo ao final daqueles sete anos de fome nós encontramos quatro leprosos sentados do lado de fora dos portões da cidade de Samaria conversando entre eles: "Se entramos na cidade morreremos lá, mas se ficarmos sentados aqui, morreremos aqui."

Se sete longos anos de quase-inanição e falta de tudo não foram suficientes, a Síria retornou aos seus velhos truques e lançou um cerco militar à Samaria. Tal cerco produziu uma situação que foi insuportável, pois sitiou a cidade e excluiu a pouca comida que havia para as pessoas.

Neste momento, mesmo as pessoas normais que viviam dentro da cidade fortificada estavam morrendo de fome. Se o desespero e a fome estavam fora de controle até mesmo dentro dos muros da cidade, os leprosos que viviam fora dos muros da cidade estavam com sérios problemas.

> ***Algumas vezes a vida se torna tão difícil que você se sente como se estivesse vivendo com suporte de vida artificial.***

Na melhor das hipóteses, eles sobreviviam com o lixo que era jogado para fora dos muros, com suprimento de comida deixado pelos membros da família ou outras pessoas generosas da cidade. Esses eram tempos terríveis – até mesmo o lixo era algo muito precioso para ser descartado.

De acordo com a Bíblia, a comida era tão escassa que as pessoas pagavam duas libras de prata por uma cabeça de burro – você leu corretamente – uma cabeça de burro![6] Pode imaginar uma coisa como esta?

Algumas vezes a vida se torna tão difícil que você se sente como se estivesse vivendo com suporte de vida artificial. Até mesmo os problemas mais simples podem criar uma crise em sua vida. Se uma pessoa está vivendo literalmente com um suporte de vida artificial, então, está tudo terminado para ela se os aparelhos forem desligados por apenas alguns momentos.

Isso era pior do que simplesmente "vida normal" para os quatro leprosos. Eles estavam no fim da cadeia de comida samaritana – se a cidade estava operando no limite da fome total, os pobres leprosos eram os que tinham mais probabilidade de morrer durante o período de fome. Quando as pessoas normais começaram a revirar o lixo da cidade para poder sobreviver, eles essencialmente confiscaram o suprimento de comida primário dos leprosos.

Apertos de mãos e preocupações se intensificaram quando o Rei de Israel conversou com uma mulher da cidade sobre a ocorrência de uma refeição em sua casa...

Contudo, ele perguntou: "Qual é o problema?" E, ela respondeu: "Esta mulher me disse: 'Vamos comer o seu filho hoje, e amanhã comeremos o meu'. Então cozinhamos o meu filho e o comemos. No dia seguinte eu disse a ela que era a vez de comermos o seu filho, mas ela o havia escondido"[7].

Você sabe que uma sociedade está com problemas quando ela chega a esse nível. Há esperança? Se estava tão ruim assim dentro da cidade, imagine o que estava acontecendo fora da cidade!

Quatro outras pessoas estavam enfrentando essas circunstâncias impossíveis. Com o portão principal de Samaria fechado atrás de si, e o sol sobre o campo do exército sírio invasor e suas mentes repletas de escolhas desesperadas.

Havia quatro leprosos junto à porta da cidade. Eles disseram uns aos outros: "Por que ficar aqui esperando a morte? Se resolvermos entrar na cidade, morreremos de fome, mas se ficarmos aqui, também morreremos. Vamos, pois, ao acampamento dos arameus para nos render. Se eles nos pouparem, viveremos; se nos matarem, morreremos".[8]

Algumas vezes as circunstâncias nos movem a uma situação em que para qualquer direção que você se mova parece que irá se perder. Faz sentido que esses quatro leprosos terminassem sua conferência tática com a afirmação: "Não temos nada a perder."

> ***Quando você está rebaixado, sem nada, Deus aparece com alguma coisa!***

Em alguns momentos Deus pode deixá-lo com a escolha certa. Quando você está rebaixado, sem nada, Deus aparece com alguma coisa!

Decisão tomada, o sol se pôs e os quatro leprosos reuniram suas vestes, reorganizaram as bandagens ensangüentadas em seus pés e começaram sua marcha em direção ao campo do inimigo.

Procurando por alguém sem nada a perder

O cerco tinha se intensificado por algum tempo. Pergunto: por quanto tempo Deus procurou por alguém para começar aquela marcha em direção ao inimigo? Talvez Ele tenha tentado fazer com que o rei rebelado iniciasse a ação. Talvez Ele tenha tentado persuadir o general do exército israelita a marchar sobre o inimigo. Mas parece que Deus sabia que seria alguém que não tivesse nada a perder.

Que atitude! Nada a perder! Sem preocupações sobre reputação. Sem dinheiro acumulado, então não há nada sob risco. A saúde tinha ido embora, não havia necessidade de ser cauteloso. Resumindo, esses leprosos não tinham nada a perder. Esta é a vantagem por estar totalmente desprovido, privado de recursos, arruinado, liquidado, vencido. Não há precauções e ações de autopreservação neste momento.

> ***Você é mais perigoso quando não tem nada a perder!***

Ironicamente, você é mais perigoso quando não tem nada a perder! "Porque, qualquer um que quiser salvar a sua vida, perde-la-á; mas qualquer que, por amor a mim, perder a sua vida, a salvará."[9]

Paulo, o apóstolo, estava no lugar mais perigoso quando declarou: "Porque para mim o viver é Cristo, e o morrer é lucro".[10]

Pelo menos morrerei seguindo em frente!

Deus procura por pessoas que não tenham nada a perder. Ele precisa de alguém que entenda o que tem de ser dito. "Morrerei se ficar aqui com minha crise; morrerei se tentar voltar para dentro desta bagunça da qual eu vim. Então, se vou morrer, pelo menos morrerei seguindo em frente!"

É como se alguma coisa dentro daqueles quatro leprosos sem esperança ressoasse uma mensagem silenciosa enviada dos céus. Deus envia sinais de amor, propósito e direção para as pessoas que se sentem como se não tivessem esperança? Acho que sim. Seu maior sinal, naturalmente, era enviar seu único filho.

Os quatro leprosos foram em direção às paredes da cidade que os tinha rejeitado e que tinha um papel principal para fazer no divino drama de Deus naquele dia. Tudo se concentrava em sua habilidade e desejo de arriscar o pouco que tinham pelo que eles poderiam ganhar.

Deus envia sinais para nós o tempo todo. As pessoas que tem "orelhas para ouvir" e "olhos para ver" são sensíveis o suficiente para atentar-se àqueles sinais, mas nem todo mundo consegue percebê-los. E muitos podem recusar a agir mesmo ao entenderem a mensagem.

No campo físico, uma grande variedade de sinais eletromagnéticos (sinais de rádio) passa constantemente através da atmosfera. Está acontecendo agora – exatamente onde você está sentado lendo este livro – sinais de rádio e televisão estão no ar. Você não pode vê-los, mas se tiver o receptor apropriado sintonizado na freqüência certa, você pode detectar e decifrar as mensagens que eles carregam.

Se tiver um telefone celular e alguém chamá-lo, então você pode captar esses sinais. Assim como o rádio, você também pode captar e ouvir qualquer rádio AM, FM ou sinal de satélite que estiver passando.

Dê-me alguém que não se importa com sua reputação

Deus estava enviando sinais sobre Israel por meio de seus profetas, mas algumas pessoas-chave simplesmente se recusavam a ouvir. Ele dizia, "quero libertar a nação e libertar meu povo do exército sírio. Quero apenas alguém para mover". Aquele rei tem um problema de coração, e seu general tem um problema de audição. Ambos estão em uma posição de liderança e proteção – parece que eles acreditam que têm muito a perder. "Alguém aí embaixo está me ouvindo?"

Todas as vezes que pessoas "importantes", "líderes" ou "qualificadas" se recusam a ouvir ou a obedecer, Deus chega ao ponto em que diz, "levarei qualquer pessoa". Esta "qualquer pessoa" que Ele leva é geralmente aquela que não tem nada a perder, e que não está tentando preservar sua reputação.

> "Vamos, pois, ao acampamento dos arameus para nos render. Se eles nos pouparem, viveremos; se nos matarem, morreremos." Ao anoitecer, eles foram ao acampamento dos arameus. Quando chegaram às imediações, viram que não havia ninguém ali, pois o SENHOR tinha feito os arameus ouvirem o ruído de um grande exército com cavalos e carros de guerra, de modo que disseram uns aos outros: "Ouçam, o rei de Israel contratou os reis dos hititas e dos egípcios para nos atacarem!" Então, para salvar sua vida, fugiram ao anoitecer, abandonando tendas, cavalos e jumentos, deixando o acampamento como estava."[11]

Esta é a única resposta razoável: Deus o fez!

O que aconteceu? Como poderia um exército durão de homens que cresceram em uma sociedade de invasores e lutadores ser tão facilmente enganado e espantado naquela noite? A única resposta razoável está nas Escrituras Sagradas: Deus o fez.

Sabemos três coisas sobre esse momento na história:

1. Os quatro leprosos decidiram que não tinham nada a perder e, à medida que o sol se punha, começaram a marchar do portão da cidade em direção ao campo sírio, com seus pés mutilados envoltos em bandagens.
2. O exército sírio pensou que estivesse ouvindo o som de cavalos e um exército poderoso marchando.
3. Deus estava envolvido.

A Bíblia não detalha os métodos divinos envolvidos, mas dá uma forte pista de que aqueles leprosos estiveram envolvidos de alguma forma. Pode ser que em qualquer momento no qual você se vira em direção à promessa e se afasta do passado, os anjos permaneçam atrás de você, marchando em direção ao seu destino?

Quando eles começaram a marchar, Deus também começou

Aqueles leprosos tinham decidido que, na pior das hipóteses, uma morte rápida era melhor do que uma morte lenta. É interessante pensar que quando eles começaram a marchar, aparentemente Deus fez a mesma coisa.

Deus estava em movimento! Geralmente a única coisa necessária para que Deus se mova é que o homem se mexa primeiro!

Uma vez que esses homens tinham vivido com lepra por algum tempo, seus corpos estavam sem dúvida demonstrando exaustão. A fome também não estava ajudando. Eles deveriam estar fracos e cambaleantes.

Aprendemos com a experiência de Naamã, o leproso, que Deus está esperando por um pretexto para abençoá-lo. A obediência dos quatro leprosos à sua prontidão interior, mesclada com sua atitude de arriscar tudo deu a Deus o pretexto que ele estava procurando.

> ***Sua fraqueza é mais forte do que a força de seu inimigo quando Deus a amplia!***

Os únicos que queriam dar um passo à frente eram os quatro leprosos. E isso era tudo o que Deus precisava para quebrar o controle do inimigo na cidade.

A Bíblia nos conta que quatro leprosos começaram a caminhar e, ao mesmo tempo, os sírios começaram a ouvir coisas... grandes coisas, coisas em tom alto, que soavam como cavalos de guerra e um exército de soldados marchando.

Nunca subestime o poder de quatro leprosos mancos

Isto é o que eu suspeito que tenha acontecido: Deus ampliou o som dos oito pés daqueles leprosos determinados à medida que eles marchavam. Seu caminho talvez tenha sido marcado com pegadas ensangüentadas.

Quando Deus liga o amplificador, Ele pode transformar oito pés que se arrastam soarem como se fosse um exército. O inimigo ouve você se aproximando – mesmo em sua fraqueza – se você tem uma atitude do tipo "nada-a-perder"! A Bíblia diz: "Pois, quando sou fraco é que sou forte".[12] Sua fraqueza é mais forte do que a força de seu inimigo quando Deus a amplia!

É possível que essa "batalha" exceda em importância até mesmo as aventuras de Gideão e seu exército de três centenas de destruidores de lâmpadas e tocadores de corneta?

O bando de heróis pouco usuais de Gideão conseguiu expulsar um exército de 135.000.[13] Temos aqui quatro leprosos que enfrentaram um enorme exército de sírios sem uma única arma!

Os quatro leprosos não tinham nenhuma pista sobre o poder do medo que estava se abatendo sobre o inimigo. Passo a passo eles se moveram em direção aos propósitos de Deus. Em breve eles testemunhariam seus resultados.

Todos os quatro leprosos estavam famintos – eles não tinham comido nada por dias, e não tinham comido bem desde o seu diagnóstico havia muito tempo, muito menos durante os sete anos de fome. Tendo o espião feito seu relato, os outros três leprosos ficaram ainda mais agitados.

Comece a marchar em direção à promessa

Talvez você tenha chegado àquele ponto da vida em que sabe que perderá somente se ficar onde está, e da forma como está. Você não tem nada a perder, então por que não colocar suas esperanças em Deus? Comece a marchar em direção à promessa. Diga a você mesmo e a qualquer pessoa que estiver ouvindo: "Se vou morrer, pelo menos morrerei da forma certa. Por que sentar-me aqui até morrer?"

"O que de bom acontecerá se eu for procurar um emprego?"

"O que de bom acontecerá se eu tentar recomeçar na minha idade?"

"O que de bom pode acontecer se eu continuar tentando? Minha esposa se foi e as crianças estão fora de controle."

"O que de bom pode acontecer se eu escrever aquela carta e tentar consertar aquela relação?"

Aproveite as lições de alguns leprosos que disseram: "Olhe, morremos aqui ou lá, então pelo menos devemos morrer nos movendo na direção correta!"

Haverá um tempo em que você apenas terá de fazer a sua cabeça e realizar alguma coisa. Desenhe uma linha na areia! Faça sua defesa! Declare bem alto: "Não vou mais correr ou virar as costas. Desta vez, não vou recuar." Lembre-se: quando você está para baixo, Deus está para cima!

Quando Naamã obedeceu ao profeta de Deus e mergulhou sete vezes no Rio Jordão, ele foi curado porque obedeceu à palavra de Deus. Não havia nada especial na água barrenta. Ele não foi curado pela água.

Cuidado com o som da obediência!

Quando os quatro leprosos começaram a caminhar na estrada que vinha de Samaria, não havia nada especial ou mágico sobre o caminho. E não havia nada diferente sobre aqueles leprosos que pudesse amedrontar e afugentar o exército sírio – o inimigo era amedrontado pelo som ensurdecedor de sua fé e obediência! O exército inimigo se retirou com medo à medida que os leprosos avançavam com sua fé. A batalha terminou antes mesmo de começar.

Houve outra vez em que uma pessoa, considerada por muitos um herói improvável, deixou um rastro de pegadas sangrentas. Eles partiram da cidade para o lugar onde estava o maior propósito de Deus.

Aquelas pegadas de obediência tingiram o chão de vermelho com o pecado de milhares de gerações. Mas eles chocaram a terra e terminaram a batalha do crepúsculo dos rejeitados contra os amotinados. Quando aquele herói ferido retornou do campo de batalha, ele trazia consigo as chaves para o inferno e a própria morte. Ele confiscou as chaves de seus donos anteriores.[14]

Foi quando Deus desenhou uma linha na areia e disse, "Acabou", e o inferno gritou, "Temos um visitante!"

O que acontece quando a promessa visita a maldição? O inferno perde seu crédito. Satanás parte! Ele não consegue nem mesmo ficar em volta para o último conflito... pois já sabe qual é o resultado.

Tendo chegado às imediações do acampamento, os leprosos entraram numa das tendas. Comeram e beberam, pegaram prata, ouro e roupas e saíram para esconder tudo. Depois voltaram e entraram noutra tenda, pegaram o que quiseram e esconderam isso também.[14]

> ***Uma mentalidade que esconde as coisas não é o desejo de um Deus que compartilha e que cuida!***

A Bíblia diz que os leprosos serviram-se da comida gratuita e das bebidas, e depois pegaram prata, ouro e roupas. Começaram a ir de tenda em tenda, reunindo coisas, dando uma pausa apenas para esconder as coisas. Uma mentalidade que esconde as coisas não é o desejo de um Deus que compartilha e que cuida!

Assim que os leprosos esconderam o que haviam saqueado, algo incrível aconteceu que ainda envia arrepios para minha espinha, mesmo após milhares de anos. Um deles disse: "este dia é dia de boas novas, e nos calamos; se esperarmos até a luz da manhã, algum mal nos sobrevirá; por isso agora vamos, e o anunciaremos à casa do rei".[16]

Agora imagine o que aconteceu quando um deles – talvez o mais velho – repentinamente disse aos seus companheiros "Uh-oh, estou com um mau pressentimento sobre isso. Isso não está correto!" Na linguagem bíblica a frase é "Não fizemos a coisa certa".

> *"Não fizemos a coisa certa"*

Há um primeiro passo para o "derradeiro retorno" e é, simplesmente, voltar.

Capítulo 9

Tenho boas e más notícias

Primeiro, as más notícias...

A má notícia é que você cometeu erros. Você falhou no teste, você perdeu sua bolsa de estudos, você estragou tudo e tem de voltar para o final da fila. A boa notícia é que você pode fazer o teste novamente!

"Não fizemos da maneira correta."

Esta afirmação disparou um alarme em minha mente e espírito à medida que pesquisava na Bíblia por respostas para o mistério do reaparecimento de Geazi. O que transformou esse homem de leproso rejeitado para pessoa íntima do rei? E quando isso aconteceu?

Passo a passo, estudei atentamente a história de Geazi. Li e reli as passagens que descreviam o momento em que Geazi e seus filhos receberam a maldição da lepra que havia anteriormente caído sobre Naamã, o sírio.

Então comecei a buscar sistematicamente palavras-chave ou pares de palavras em passagens específicas da Bíblia que pudessem me dar alguma pista para desfazer esse mistério.

Quanto mais eu lia e meditava sobre a história dos quatro leprosos, mais minha imaginação tornava-se viva sob a inspiração do Espírito Santo. Eu quase podia ver a cena acontecendo diante de meus olhos.

> É possível que entre os quatro leprosos que estavam no portão de Samaria estivesse Geazi? Havia alguma lembrança antiga que tivesse sido disparada quando aquele leproso tocou a prata e peças de roupas sírias novamente? Haveria uma conexão aqui que poderia ajudar a explicar a restauração de Geazi?

As palavras ditas pelos leprosos saltaram da página

Sei que Geazi e seus filhos transformaram-se em leprosos algum tempo antes do início do período de sete anos de fome. Sob o risco de ser repetitivo, temos de perguntar em vista desse enigma bíblico, por que Geazi reapareceu misteriosamente no palácio do rei de Samaria no final exato do período de fome – sem a lepra, e sem nenhuma pista de como isso havia acontecido?

As palavras dos leprosos saltaram das páginas do Mundo de Deus:

Esses quatro leprosos entraram no campo e foram para dentro de uma tenda. Primeiro, comeram e beberam. Depois, pegaram prata, ouro e roupas, saíram e esconderam tudo. Então voltaram, e entraram em outra tenda e dali também tomaram alguma coisa e a esconderam.

"Então, disseram uns aos outros: 'Não estamos agindo certo. Este é um dia de boas notícias, e não podemos ficar calados. Se esperarmos até o amanhecer, seremos castigados. Vamos imediatamente contar tudo no palácio do rei'.[1]

Há algo estranho e curioso sobre a história dos quatro leprosos. É fácil não perceber de primeira, mas depois de examinar atentamente você observará que alguma coisa parece levar a uma grande falha ou erro no passado. 'Seremos pegos e punidos.' Quem os pegaria? Quem os puniria?"

À medida que eu lia e relia esta passagem, comecei a suspeitar que havia um milagre em andamento. Já tínhamos estabelecido o fato de que Geazi e seus filhos eram leprosos desesperançados quando Israel e Samaria passaram pelo período de sete anos de fome profetizado por Eliseu.

Sabemos também que a lei dos judeus exigia que os leprosos permanecessem fora dos muros das maiores cidades em muitas circunstâncias, mantendo distância dos outros moradores para evitar a contaminação. A segregação era a forma primária de tratamento contra a contaminação, como estava escrito na Lei:

"Quem ficar leproso, apresentando quaisquer desses sintomas, usará roupas rasgadas, andará descabelado, cobrirá a parte inferior do rosto e gritará: 'Impuro! Impuro!' Enquanto tiver a doença, estará impuro. Viverá separado, fora do acampamento."[2]

Um forte "link" à vida de Geazi apareceu nesta passagem – a posse ilícita de prata e peças de roupas preciosas. Se o caso já não fosse forte o suficiente pra produzir uma conexão, surgiu o ataque de consciência repentino do leproso. Ninguém pode afirmar, mas as evidências pareciam indicar para mim que essa era a parte que faltava no quebra-cabeça de Geazi.

Acho que há muitas coisas em comum para ser coincidência.

1. Lugar: Samaria
2. Fora da cidade
3. Ataque repentino de consciência quando tocou prata e peças de vestuário sírio

Começo a indagar se outra pessoa chegou a esta mesma conclusão. Uma pesquisa intensa em diversos escritos rabínicos judeus sobre esta história produziu algo muito significante.

Em geral, os rabinos de séculos anteriores não foram gentis com Geazi. Mas não me surpreendi ao ver estas palavras surgirem de muitos escritos rabínicos sobre ele. Um notável estudioso rabínico, Johanan, escreveu:

> Os quatro leprosos que estavam no portão anunciando a derrota de Senaquerible eram Geazi e seus três filhos.[3]

Deus realmente faz os seus melhores trabalhos em segredo. Talvez a submersão de Geazi na terra dos homens com lepra e do anonimato marcam o lugar de sua identidade oculta. Seria esse lugar escondido onde Deus estava preparando um de seus mais notáveis – e um dos menos conhecidos – milagre de restauração? As pistas sobre a identidade de Geazi estão enterradas profundamente com os registros bíblicos. Não posso provar, pois, afinal, Deus faz o seu melhor trabalho em segredo.

Pronto para uma segunda chance de milagre

Acredito que Geazi suportou sete longos anos de preparação tutorial como leproso. Se a suposição do rabino é verdadeira, então talvez Geazi não tenha se dado conta de que ele estava prestes a ter uma segunda chance. Na noite em que ele e seus filhos decidiram arriscar tudo por uma refeição no campo sírio, Deus o preparou para uma reprise divina. A misericórdia de um novo teste. Você se lembra dos tempos de escola? Com quanto afeto você se recorda da professora que, com compaixão, lhe dava a chance de fazer o teste novamente (e não lhe dava a nota mais baixa!)?

Geazi estava prestes a enfrentar "um teste na meia-noite" de seu caráter, com as vidas de milhares depositadas em uma balança. Se ele e seus companheiros tivessem escondido a prata e se recusassem a espalhar as notícias da retirada dos sírios, o povo de Samaria continuaria a morrer sem necessidade.

Se o que os rabinos disseram e o que penso é verdade, então Deus estava elegendo Geazi para fazer novamente o teste no qual ele havia falhado sete anos atrás. Ele estava prestes a enfrentar a tentação de repetir o mesmo pecado que o despachou de primeira para o inferno da lepra.

Agora, Geazi, que havia sido condenado sete anos antes por sua aquisição ilícita de prata e peças de vestuário[4], teria a oportunidade de salvar a si próprio e a cidade passando no teste e não tocando a prata pela segunda vez. Esta é a porta designada por Deus para a restauração. A única saída de sua confusão é fazer o teste novamente.

Não há nenhum período mágico. A sentença de sete anos de Geazi não dependia do tempo; dependia da mudança de caráter.

Algumas vezes a mudança de caráter demora mais devido à teimosia do indivíduo. É um estado de arrependimento e reabilitação que o mais perfeito dos professos está tentando criar.

Novamente, a boa notícia é que você terá de fazer o teste novamente. E a má notícia é que para alguns, será necessário um período maior.

Não sei sobre você, mas, pessoalmente, não quero ficar com meus dedos dos pés no limite de minha promessa, apenas para ter de indagar através do deserto por mais 40 anos antes que me seja dada a oportunidade de possuir aquela promessa! Quero passar no teste!

Mas... se eu falhar no teste e não perder a coragem e deixar a escola, terei a oportunidade de fazer o teste novamente, novamente e novamente...

O que eu pessoalmente aprendi de nosso Mestre professor é que "Se você não desistir, você não falhará"

Deus não está interessado no período de tempo que você irá gastar em seu exílio auto-imposto de sua promessa. Ele não se importa sobre o período de tempo passado na prisão da dor ou nas mãos da lepra espiritual. Ele não se importa com o tempo, Ele se importa com o teste. Ele quer saber se a sabedoria está lá para propiciar um retorno.

> ***Se você não desistir, você não falhará.***

Foram 40 anos para que as crianças de Israel passassem no teste. Em algum ponto, Deus deve tê-las direcionado a um rápido desvio rumo à Terra Prometida.

É do conhecimento do Professor que você precisa de um tutor particular. O caminho mais curto entre suas falhas e os favores de Deus é a humildade. Lembre-se de que o Professor está sempre em silêncio durante o teste. Peça instruções antes de fazê-lo. Solicite a Ele para lhe ensinar, e em algum ponto na vida, você receberá a oportunidade de fazer o mesmo teste. "Não deixe a escola, faça o teste novamente. Persevere, não desista."

Você pode sair de uma nota vermelha em um teste e ainda poderá passar! As dificuldades possibilitam que os adolescentes abandonem a escola porque eles têm medo de se graduarem mais atrasados do que seus pares. (Se isso o descreve, pense nisso. Quando você tiver 30 anos, não fará nenhuma diferença se graduou-se aos 17 ou aos 18. Tudo o que importa é que você tenha se graduado!)

O caminho mais curto entre suas falhas e os favores de Deus é a humildade.

Nunca deixe as dificuldades de uma situação presente fazer com que você desista da corrida. A caminhada cristã sempre foi sobre terminar bem. E é necessária a ajuda de Deus para que isso aconteça. Conte com Ele. Nunca deixe seu passado ditar o seu futuro.

Geazi, o leproso esquecido, viu-se frente a frente com o seu passado e lhe foi oferecida a oportunidade de reescrever o seu destino.

"Isto não está certo."

Nunca deixe o seu passado ditar o seu futuro.

"O que você quer dizer com isto não está certo? Isso parece certo, isso parece certo!

E um deles – ninguém, mas apenas Deus sabe qual deles – repetiu o que ele havia dito antes: "Isto não está certo". "Nós não fizemos a coisa certa."

Alguma coisa no fundo de sua mente disse: A última vez que fiz isso, me meti nesta confusão. Não, não vou falhar no teste novamente.

"Coloquem de volta!"

"O que você quer dizer com "coloquem de volta?"

"Devolvam a prata e as roupas. Esta não é apenas a nossa vitória. Há muitas outras pessoas morrendo de fome na cidade. Não podemos simplesmente ficar aqui. Isso tudo é para eles também. Coloquem de volta."

"O que faremos?"

"Vamos contar ao rei."

Desta vez, assim como antes, aparentemente ninguém estava assistindo para julgar suas ações. Os leprosos estavam sozinhos no campo.

Da primeira vez em que a prata e as roupas foram levadas por Geazi, ele havia arquitetado cuidadosamente o logro de Naamã e do profeta Eliseu. Depois, executou seu plano com precisão prática e confiança de que não seria pego. Ficou chocado ao descobrir que os olhos de Deus não são limitados pelo tempo, pelo espaço ou por subterfúgio cuidadosamente arquitetado. A reputação de Eliseu como um observador provou ser verdadeira – ele assistiu às ações de Geazi.

O princípio da devolução

Todas as vezes que você pega algo das mãos de Deus, ele deixará que você fique com ela. Por outro lado, ele cuidará de tudo que você coloca em suas mãos. Há uma grande diferença entre pegar e receber. Se for um presente de Deus, receba-o com uma ação de graças. Se for alguma coisa reservada para o Senhor, não a toque, reivindique, cobice, manipule ou obtenha glória. Devolva! Passe no teste! Deus está observando!

Motivado pela sobrevivência e pelo desespero

Em seu segundo teste, não havia um plano prévio ou execução cuidadosa. Geazi e seus filhos atuaram sob a motivação da sobrevivência e do desespero. Mesmo que ninguém estivesse olhando, eles ainda atuaram como se seu roubo estivesse errado. Eles fizeram um saque! De quem saquearam? Eles esconderam-se de uma consciência culpada, como se tudo seria retirado deles se, por acaso, descoberto.

Se tudo isso acontecesse no clima de nossa cultura atual, tenho certeza de que muitos correriam para argumentar a favor dos leprosos, citando a pobreza e preconceito extremo que se abatiam sobre eles, queremos justificar mentalmente o nosso "Eu preciso" e defender nossa atitude "Preciso mais do que eles". O problema é que este era um teste que levava a uma segunda chance e a um novo começo – um teste esperado e que muitas pessoas diriam não ser merecido.

Geazi provavelmente não sabia sequer que ele estava passando por um teste – assim como você e eu raramente percebemos os que acontecem em nossa vida. Uma coisa que precisamos lembrar é que Deus sempre está interessado no coração, não nos argumentos detalhadamente pensados ou justificativas profundas.

Por ter lhe sido dado o presente do fracasso sete anos antes, teria esse homem, Geazi, aprendido a partir de seus erros e transformado suas falhas em um novo futuro? Ele conseguiria realizar este teste com sucesso e desfrutaria de uma segunda chance?

Você notou que eu disse – "o presente do fracasso"? Nós freqüentemente aprendemos mais a partir de nossos erros do que com o nosso sucesso.

Ganhos ilícitos nunca se misturam bem com destino

Se ele entendeu ou não a razão no momento em que se afastou repentinamente da prata e das roupas, Geazi ainda sabia quão difícil era obter o princípio da obediência: ganhos ilícitos nunca se misturam bem com destino.

Já sabemos os resultados porque temos o benefício da percepção tardia do que devia ter sido feito. É uma questão de história para nós. Para Geazi, naquela noite sombria quando passou pelo julgamento de seu espírito, nada era certo, exceto sua sentença de lepra e de uma vida e convicção interior de que ele nunca repetiria aquele erro duas vezes. Talvez ninguém estivesse olhando, mas isso não importava. Dessa vez, ele faria a coisa certa.

O fracasso e as falhas podem ser nossos melhores professores, mas muitas pessoas parecem não se dar conta disso. Por exemplo, uma das últimas tendências em algumas escolas é a eliminação das notas devido à possibilidade de que a falha possa de alguma forma afetar os estudantes permanentemente.

A história nos diz outra coisa. Estudei e analisei os eventos humanos durante toda a minha vida; é parte de minha fascinação geral com a história. Mesmo uma pesquisa rápida dos registros históricos revela a sabedoria que prevalece em milhares de gerações e civilizações sobre este assunto: o fracasso é o maior incentivo para o sucesso. Na verdade, o fracasso é, com freqüência, o ventre gerador do sucesso!

O fracasso não é nosso inimigo! O fracasso pode ser um amigo de fé que lhe diz a verdade. Não aprender a partir do fracasso – esse é o tipo de inimigo do qual você deve fugir!

Terminar bem é o nosso último objetivo, mas o fracasso é a primeira pedra do alicerce que recebemos para nos ajudar a atingir nossos objetivos. A única coisa sobre o fracasso que causa dano permanente é a concepção errada de que estamos sentenciados a permanecer naquele lugar.

> ***O fracasso é, com freqüencia, o ventre do sucesso!***

Os métodos de Deus aparecem repetidas vezes. Se você falhar no teste, Deus não fica frustrado, pois ele tem todo o tempo do mundo. Pode levar um tempo extra, mas na ocasião correta ele trará você de volta para o mesmo lugar para que você faça o teste novamente.

Se você não cruzar o Jordão, esteja preparado para uma nova rodada ao redor do deserto. (E Deus não deixa "você passar o ano raspando". Você só avança se passar no teste.)

E a maneira de você passar no teste é aprendendo com Geazi. Ele lembrou de seu fracasso no primeiro teste. É possível que sua mente estivesse dizendo "Este não é um esforço para conectar Geazi a estes quatro leprosos sem nome?"

Decidi que há uma conexão

Tudo o que posso dizer é que, em minha opinião, havia um esforço também até descobrir que o erro cometido por Geazi havia sete anos era exatamente o mesmo que os quatro leprosos escolheram não fazer no dia antes do período de fome terminar milagrosamente. Naquele momento decidi que havia uma conexão.

Como observei anteriormente, descobri que muitos rabinos estudiosos ponderaram a mesma coisa durante milhões de anos, além de que alguns deles chegaram à mesma conclusão e escreveram sobre isso também.[5]

Novamente, Deus faz Seu melhor trabalho em segredo. Não sei como, mas estou convencido de que pode ser dessa maneira como tudo aconteceu. Em qualquer caso, sabemos que ocorreu de alguma forma: Geazi retornou.

Como você retorna de um fracasso ou desapontamento tão grande em sua vida?

Tenha fé. Mova-se em direção às promessas de Deus em sua vida. Não toque o que Deus Lhe disse para não tocar. Seja obediente ao pegar as coisas que Ele Lhe diz para pegar.

"Sim, mas eu já falhei nestes testes."

Esteja pronto – você terá a chance de fazer esse teste novamente.

Chegará um momento em que você saberá que passará pelos mesmos processos ou desafios que o derrotaram antes em sua vida. Tenha coragem. Deus lhe dará a graça de passar no teste no qual você falhou da primeira vez.

"Você não entende. Eu me recordei daquela falha todas as noites desde que ela aconteceu. Não importa o que eu faça, não importa que droga eu tome ou com quem eu esteja, não consigo derrubar a culpa e a vergonha de meu fracasso."

Jesus comprou sua liberdade a partir do fracasso

Lembre-se de que Deus está ao seu lado. Jesus o ama tanto que Ele pessoalmente pagou o preço por sua liberdade! Deus o ama, mesmo quando você fracassa, e Ele o ama muito para abandoná-lo!

Acredite em Deus o suficiente para deixar que Ele leve você por situações similares às circunstâncias onde as coisas ficarão amargas devido a decisões ruins, fraquezas, motivos errados ou circunstâncias difíceis. Quando você passa no teste, você dá a Deus o pretexto para abençoá-lo e livrá-lo da lepra do fracasso e da imperfeição.

Você não mais se sentirá como um rejeitado. Sua família, amigos e inimigos dirão: "Um dia você estava errante e, logo em seguida, você estava restaurado e feliz, murmurando conselhos no ouvido do rei".

Você conhece alguém que esteja pronto para experimentar alguma incrível restauração como esta? Se Deus pôde fazer tudo isso para Geazi, ele pode fazer para qualquer pessoa, incluindo você.

Lembre-se de que você não é mais perigoso do que quando não tinha nada a perder – mesmo que seu nome seja Geazi.

Algumas vezes nosso pretenso sucesso nos leva de volta a refazer o teste pelo qual passamos antes na vida. Nesse caso, o sucesso pode tornar-se o nosso pior inimigo. Não há nada mais perigoso do que um homem que nunca tenha experimentado o fracasso. A arrogância do sucesso é um drinque tóxico, e ele altera os sentidos.

Pode ser mais difícil passar no teste do sucesso do que no teste do fracasso. Parece que aprendemos menos com o sucesso do que com nossos fracassos. Isso aconteceu com Pedro, cujo devastador fracasso pessoal foi previsto por Jesus, documentado na Bíblia e destacado em incontáveis sermões durante um período extenso.

Jesus alertou o orgulhoso Pedro (que estava crescendo sob a luz do sucesso naquela época) que Satanás o queria escolher e testar. O Mestre Professor praticamente anunciou o teste; alguma coisa que Ele raramente faz! A resposta de Pedro foi cantar de galo por conta própria sobre como ele nunca duvidaria de Jesus e como ele preferiria morrer com ele a duvidar dele. Jesus então profetizou que Pedro O negaria três vezes em seqüência antes que o galo cantasse, sinalizando o próximo nascer do sol.[7]

Seguro, Pedro negou mesmo conhecendo Jesus na corte de Pilatos, e ainda adicionou algumas palavras de maldição para dar um bom efeito. Pedro falhou. Sua amargura cresceu com a convicção de que Jesus havia morrido, e que ele não teria uma chance de concertar suas palavras.[7] Ele era um homem bom que se sentiu amaldiçoado pelo resto de sua vida devido às suas escolhas ruins. Ele carregou a amargura ou lepra de sua traição por ter negado conhecer a Jesus.

Pedro, eu tenho boas e más notícias!

Jesus tinha outros planos em mente. Da terceira vez que Jesus se manifestou aos seus discípulos depois de ter ressuscitado dentre os mortos, Ele olhou Pedro nos olhos e lhe perguntou três vezes se ele O amava

– uma vez para cada negação pública que Pedro havia feito dele. Essencialmente, Jesus estava dizendo "Pedro, tenho boas e más notícias".[8]

A boa notícia era que ele teria uma segunda chance – a má notícia era que ele teria a oportunidade de manter a segunda parte de seu orgulho – Pedro um dia glorificaria a Deus com a sua morte.[9]

Se Pedro teve a chance de falhar três vezes antes de passar no teste, você também pode ter!

Então você não ouviu nada sobre aquele filho por mais de 12 anos... e você não sabe quais são o diagnóstico e prognóstico que o médico pode revelar nesta semana. Você está com medo que tenha "estragado" seus filhos com seu temperamento ou dias de "workaholic." Durante anos nocauteou a si mesmo com seu fracasso...

Entenda este grande trabalho de restauração: mesmo que tenha sido sua culpa, Jesus Cristo ainda é o seu Salvador.

A chave para o seu futuro é o aprendizado: "Não vou tocar o que não devo. Vou realizar uma mudança!" Tudo o que você precisa é obediência, não desobediência. Todos nós temos de mudar de direção se desejamos obter resultados diferentes quando Deus nos coloca face a face com os fracassos do passado.

Então, talvez a pergunta mais importante neste momento não seja "Aonde ir agora", mas "Como sair daqui e chegar até lá?"

Você se lembra da frase: "Boas e más notícias"? A má notícia é que algumas vezes você tem de apenas voltar atrás. Se você perder a vez, você tem de dar mais uma volta no quarteirão. A boa notícia é que uma vez que você decida voltar, você terá a chance de fazer o teste novamente.

Capítulo 10

Estou voltando

Enfrentando o risco da rejeição

Então disseram uns aos outros: "Não estamos agindo certo. Este é um dia de boas notícias, e não podemos ficar calados. Se esperarmos até o amanhecer, seremos castigados. *Vamos imediatamente contar tudo no palácio do rei*" [1]

Essa rápida troca de palavras oculta uma vitória ainda maior sobre pelo menos sete anos de dor física e emocional que os quatro leprosos tinham de superar, antes que pudessem dar seus primeiros passos de volta para a cidade.

Quando aprenderam que havia um caminho de volta, eles ainda tinham de enfrentar a possibilidade da rejeição.

É como se cada um destes homens tivessem se refugiado em sete anos de memórias dolorosas em sua mente. Eles tinham visões nítidas, em cores, em tela grande de alta definição com visão panorâmica, da corrente de insultos diários, de serem expulsos, esnobados, de serem olhados com desprezo, xingados e das brincadeiras cruéis que eles tiveram de suportar como leprosos e mendigos.

A lepra era mais do que uma doença amedrontadora que afligia vítimas inocentes sem sorte suficiente para adquiri-la. Era também vista como a punição de Deus para os pecados da arrogância contra seu santo nome.[2]

No caso de Geazi, sabemos que o fato era este. Eliseu decretou que a lepra de Naamã passasse para Geazi e seus descendentes para sempre devido à sua ganância, desobediência a Deus e sua tentativa de enganar o servo do senhor.[3]

Sob os padrões da sociedade moderna, Geazi e seus filhos leprosos teriam todo o direito de odiar os moradores de Samaria. Aqueles filhos teriam ainda mais razões para odiar seu pai! Além do que, qual a participação dos filhos de Geazi quando seu pai cometeu o pecado que o condenou e a eles a viverem a vida banida dos leprosos, mortos-vivos, andarilhos vivendo no tormento sem fim e lastimando sobre o que teria sido se...

Se esta história incrivelmente verdadeira fosse oferecida aos produtores de Hollywood, eles seriam simplesmente tentados a "revisá-la e melhorá-la" para que seguisse um formato mais politicamente correto.

Poderíamos esperar ver uma nova cena inserida na história, caracterizando todos os quatro homens ostentando os mais finos mantos sírios em um monte, olhando para a cidade de seu tormento. Enquanto comiam a melhor das comidas, poderíamos ouvir comentários de vinganças amargas e risos cínicos entre as cenas de sofrimento pessoal e selvageria dentro das paredes da cidade.

Geazi e seus filhos passaram pelo primeiro teste quando eles deixaram a prata, o ouro e as roupas ilícitas. Também passaram no segundo teste quando decidiram retornar para a mesma cidade que os havia rejeitado para compartilhar as boas notícias e a boa sorte.[4]

De que forma os quatro leprosos foram curados?

À medida que examinava as Escrituras Sagradas, comecei a indagar de que forma Geazi havia se curado. Ninguém, apenas Deus realmente sabia de que forma Geazi e possivelmente seus filhos haviam sido curados daquela incurável doença.

Aqui estão os fatos: Geazi era um leproso até que de repente apareceu novamente na corte do rei, imediatamente após o término do período de fome terminar. Aquele evento aconteceu aproximadamente sete anos do dia seguinte ao qual o profeta alertara a mulher sunamita sobre a fome. A mesma mulher e seu filho entraram na sala do trono enquanto Geazi estava terminando o que parecia ser a sua história sobre Eliseu, por solicitação do rei (então ele não estava lá havia muito tempo).

Um deles se destacou de todo o resto

Após pesquisar as Escrituras Sagradas novamente para encontrar qualquer incidente que envolvesse leprosos sendo curados, achei a descrição de diversas curas miraculosas, mas uma se destacou. Ela envolvia uma história do Novo Testamento sobre leprosos samaritanos que tiveram um milagroso encontro com Jesus. Em Samaria, novamente! (Observe que eles pararam ao longe, seguindo a lei de segregação.).

> A caminho de Jerusalém, Jesus passou pela divisa entre Samaria e Galiléia. Ao entrar num povoado, dez leprosos dirigiram-se a ele. Ficaram a certa distância e gritaram em

voz alta: "Jesus, Mestre, tem piedade de nós!" Ao vê-los, Ele disse: "Vão mostrar-se aos sacerdotes". Enquanto eles iam, foram purificados.[5]

Os leprosos que foram curados por Jesus em Samaria foram limpos à medida que chegavam. É possível que o processo de obediência, que pode incluir o banho, adoração ou caminhada, seja o processo de limpeza e cura?

Se isso é verdade, então poderia ser estabelecido um simples princípio bíblico? Um que pudesse ser estendido e extrapolado para a prestação de contas desses quatro leprosos no Velho Testamento – e de Geazi em particular? Em ambas as situações encontramos leprosos que foram misteriosamente transformados de vítimas sem esperança da agressiva lepra em homens totalmente limpos em apenas um dia! (E em nenhum lugar menos do que em Samaria!)

Curados enquanto...

A Bíblia diz que os leprosos do Novo Testamento foram limpos e curados "enquanto". Pode ser que depois que Geazi e seus filhos deixaram para trás a prata e as vestimentas adquiridas ilicitamente e decidiram retornar à cidade para contar ao rei... que tenham sido curados enquanto retornavam pela estrada em direção à Samaria? É possível que o milagre da libertação tenha acontecido quando eles marchavam em direção ao campo em obediência e que o milagre da cura tenha surgido quando eles marchavam de volta do campo em direção à cidade?

Ninguém sabe realmente, mas em algum lugar ao longo da estrada isso deve ter acontecido, ou pelo menos começado. Isso aconteceu no primeiro passo ou depois da primeira milha? Não sabemos como ou quando, mas sabemos que aconteceu em algum lugar, de alguma forma.

Naamã se curou em seu primeiro mergulho, no segundo ou no décimo sétimo? Foi uma cura progressiva ou repentina? Ele tinha sete feridas em sua face e todas as vezes que ele mergulhava uma delas desaparecia? Não sabemos.

Tudo o que sabemos sobre Geazi é que ele era um leproso, e que de alguma forma, quando ele apareceu na corte do rei já estava curado.

As pegadas ensangüentadas foram desaparecendo

Quem percebeu que, quando eles começaram sua jornada de volta em direção à cidade, os quatro leprosos deixaram marcas ensangüentadas na estrada onde eles caminharam com seus pés cheios de bandagens? Em cada passo que os homens davam em direção aos propósitos de Deus, as pegadas ensangüentadas foram desaparecendo mais e mais, até sumirem completamente.

Os homens provavelmente não perceberam, mas talvez os dedos de seus pés tenham começado a ficar escuros à medida que eles se arrastavam mais próximos ao portão da cidade.

Talvez o rostos deles tenha sido cuidadosamente cobertos de acordo com a Lei, e na escuridão das primeiras horas da manhã, não se pôde notar que suas características faciais estavam mudando – para melhor.

As placas brancas e escamosas foram caindo enquanto o nariz e as orelhas foram voltando ao normal. Seria possível que quando finalmente chegaram ao portão da cidade, a pele do corpo já tivesse se tornado tão fresca e nova como a pele de um bebê? Aconteceu para Naamã e para os dez leprosos, por que não aconteceria para Geazi e para os outros três leprosos?

É o mesmo que acontece conosco. Muitas vezes você não se dará conta até mais tarde que a restauração de Deus em sua vida já está funcionando! Algumas vezes falhamos em reconhecer o milagre de Deus em nossa vida até que alguém aponte o óbvio.

Os registros da Bíblia nos revelam esses detalhes sobre o que mais aconteceu naquela noite:

> Então disseram uns aos outros: "Não estamos agindo certo. Este é um dia de boas notícias, e não podemos ficar calados. Se esperarmos até o amanhecer, seremos castigados. Vamos imediatamente contar tudo no palácio do rei". Então foram, chamaram as sentinelas da porta da cidade e lhes contaram: "Entramos no acampamento arameu e não vimos nem ouvimos ninguém. Havia apenas cavalos e jumentos amarrados, e tendas abandonadas". As sentinelas da porta proclamaram a notícia, e ela foi anunciada dentro do palácio.[6]

Como você pôde esquecer? Somos leprosos!

Quando Geazi entendeu que o vôo milagroso dos sírios não era apenas por causa deles, ele disse: "temos de contar aos outros, temos de contar ao rei." Posso ver seus filhos olhando surpresos, cobertos pelos trapos e bandagens que caracterizavam os leprosos sem esperança. Posso ouvi-los dizer "Pai, mesmo que a gente vá, eles não nos deixarão entrar na cidade. Como você pôde esquecer? Somos leprosos!"

"Não sei nada sobre isso, mas eis que temos de ir. Se não nos deixarem entrar, então ficaremos do lado de fora dos portões gritando nossa mensagem até que alguém nos ouça!"

Quando Deus restaura você, Ele sabe da condição de sua vida, sua família, seu emprego etc. Os detalhes menores de sua vida realmente importam para ele, mas Deus faz as coisas em escala cósmica. Ele pode ter algo maior em mente, mesmo quando parece estar operando pequenos milagres em nossa vida.

Talvez eu deva colocar as coisas desta forma: quando Deus usou os quatro leprosos para trazer a libertação, imaginei que Ele estivesse dizendo "Estive procurando por alguém. Quero libertar toda a cidade. Estes quatro servirão perfeitamente – não há outra maneira para que eles levem o crédito e toquem a glória."

Tenha coragem! Você vai fazer bonito para o propósito de Deus.

Deus o restaura de maneira que você possa levar a restauração aos outros. Ele sempre usa pessoas como você e eu para fazer coisas, causar coisas, criar coisas, restaurar coisas e iniciar mudanças.

Mesmo depois que Geazi e seus filhos passaram no teste da prata e roupas ilícitas, e depois passaram no segundo teste da escolha do retorno à cidade de onde eles tinham sido banidos por sete anos, eles teriam agora de enfrentar outra indignidade no caminho da obediência.

Algumas vezes, as mesmas pessoas que precisam das boas notícias que você tem, escolhem se isolar de você.

Não atire no mensageiro antes de ouvir a mensagem

As pessoas podem cortá-lo de suas vidas devido ao seu passado, recordando-se de sua história e de todas as coisas que não correram bem em sua vida. Você pode lembrá-las de fatos dolorosos ou das próprias fraquezas ou falhas. Mesmo que você tenha o que elas precisam, algumas pessoas querem atirar no mensageiro antes de ouvir a mensagem!

Acontece com freqüência no Novo Testamento. Sabemos como Jesus, o mensageiro perfeito com a mensagem perfeita, foi rejeitado e crucificado sem nenhuma razão.

Mesmo a mulher do poço de Samaria sentiu que não havia dúvidas de que ela seria rejeitada pelas pessoas de sua cidade devido à sua má reputação, mesmo depois de trazer as melhores notícias para sua vila.

Ela confessou para Jesus que tinha passado por cinco casamentos e que estava vivendo com um homem que não era o seu marido. Essas não eram exatamente as credenciais de uma evangelista abençoada. A mulher sabia que era improvável que qualquer pessoa em sua vila a escutasse, mas mesmo assim ela voltou até lá.

"Tenho que lhe contar sobre este Homem! Tenho boas notícias para vocês. Alguém vai checar a minha história? Parece muito bom para ser verdade, mas venha e encontre esse Homem que me contou tudo sobre o meu passado. Ele disse que ele é o Prometido. Venham comigo, e o encontre em vocês mesmos!"

Depois de um encontro com Jesus no poço, essa mulher com a reputação arruinada se transformou no mensageiro ideal, com o testemunho mais efetivo que já chegara àquela vila! Uma tradução dessa passagem da Bíblia diz: "As pessoas vieram em fila da vila para vê-lo".[7] Nossa história de fracassos pode se tornar uma história de graças!

Podemos nos permitir permanecer em silêncio?

Deus o usará pra trazer a liberdade para mais pessoas do que você e a sua família. Mas primeiro ele usará a sua restauração como um ponto de lançamento para restaurar os outros.

"Não fazemos bem;
este dia é dia de boas novas,
e nos calamos..."[8]

Confrontadas com essa honesta afirmação dos quatro leprosos, quantas pessoas "colocariam tudo na balança e se pegariam indagando"?

Quantos guardam as boas notícias do evangelho e raramente lideram as pessoas para a esperança eterna de Jesus Cristo?

Quando todos nós estamos na presença de Deus, quem se oferecerá para a tarefa impossível de explicar por que permanecemos em silêncio quando temos boas notícias que podem salvar nossas cidades e transformar nossa nação?

A restauração vale o enfrentamento do risco de rejeição.

Quando os quatro leprosos caminharam de volta em direção à cidade, eles estavam provavelmente pensando sobre a recepção que eles receberiam no portão.

O que você faz quando estragou tudo? Quando foi admitido depois de ter sido demitido, como se sente no seu primeiro dia de volta ao trabalho? Talvez isso nos ajude a entender de alguma forma como esses leprosos se sentiam à medida que se aproximavam dos muros e dos portões da cidade transformados em limites de sua prisão pública nos últimos sete anos. "Quem no palácio do rei acreditaria em um leproso?"

Sua mente pode estar trancada dentro de uma arena dominada pelos erros ou circunstâncias do passado.

"Quem vai admitir alguém com um histórico ruim?"

"Quem se casaria comigo? Eu sou divorciada."

"Quem acreditaria em mim depois do que eu fiz?"

Sim, você pode encontrar algumas dificuldades. As pessoas podem não acreditar em você inicialmente ou podem não querer ouvir o que você tem a dizer. Mas... pelo potencial da restauração vale enfrentar o risco da rejeição.

A possibilidade de você receber um novo futuro em Cristo pode parecer impossível para aqueles ao seu redor. Sua segunda chance e seu novo começo podem ser tão inacreditáveis que mesmo a melhor pessoa de sua família ou amigos podem não acreditar.

Reuni informações, a partir de meus estudos da Bíblia, que o rei de Israel teve tanta dificuldade em aceitar as notícias trazidas pelos leprosos que ele anunciou publicamente para sua equipe que era uma armadilha.

Então, não se surpreenda se ouvir as pessoas dizendo: "Já vimos isso antes. Ouvimos você fazer promessas e já vimos o que acontece depois. Você sempre dá para trás, usa drogas novamente, volta a beber, trai a nossa confiança; você não tem esperanças. Você não pode conquistar o seu passado".

Não há dúvidas que há algo a ganhar; você não tem nada a perder!

O rei duvidou que houvesse algo a ganhar, mas Geazi e seus filhos não tinham nada a perder. Então eles marcharam para o portão da cidade na escuridão antes do pôr-do-sol e começaram a gritar.

Finalmente, um enfadado (e provavelmente faminto) guarda com uma oscilante tocha examinou os quatro homens na luz turva e resmungou: "O que vocês, velhos leprosos, querem?"

"Sim, sabemos que somos apenas velhos leprosos. Tudo bem, mas nós precisamos contar algo para você." Fomos ao campo do inimigo e... ele se foi!

"Vocês estão delirando. Vocês não sabem sobre o que estão falando..."

"Há comida pronta ao redor das fogueiras abandonadas! Há mais do que suficiente para toda a cidade! Vá e conte ao rei. Depressa!"

Pensando no pior, esperando o pior, preparando-se para o pior

Tendo as notícias se espalhado pela rede real de comando e chegado aos ouvidos do rei, o verdadeiro estado de seu pensamento rapidamente eclodiu através de sua fina fachada de estabilidade real. Em seu estado de rebelião, ele era tudo, menos estável ou cheio de fé. Ele estava pensando o pior, esperando o pior e preparando-se para o pior.

Deus deve ter sido a coisa que passou mais distante da cabeça do rei, porque ele vivia num mundo de desespero, sem esperanças e de completo descrédito.

> O rei se levantou de noite e disse aos seus conselheiros: "Eu lhes explicarei o que os arameus planejaram. Como sabem que estamos passando fome, deixaram o acampamento e se esconderam no campo, pensando: 'Com certeza eles sairão, e então os pegaremos vivos e entraremos na cidade' ".[9]

Verdade ou muito bom para ser verdade?

O rei estava tão amargurado e cético que estava convencido de que se tratava de uma conspiração! Ele disse, "é um truque! Sim, é um truque. Aqueles sírios sorrateiros abandonaram o campo mas eles estão arquitetando um dos mais velhos truques. Eles querem que nós saiamos para fora dos muros da cidade para que possam nos capturar vivos!" Algumas vezes as boas notícias são tão boas que todos acreditam que elas são boas demais para serem verdadeiras.

O rei insistiu, "Não pode ser", mas quando seus servos imploraram a ele que checasse, ele finalmente concordou, porém deixou claro que ele acreditava se tratar de uma missão suicida.

O nível de fé na verdade daqueles rumores combinava com o nível de comida que restava na cidade – nenhum.

Se você permitir, seu inimigo vai querer vê-lo chafurdar na piscina da autopiedade, ficando cada dia mais sem esperanças enquanto diz repetidamente para você mesmo, "Ninguém tem algo tão ruim como eu". Sua dieta de dúvidas pode minar a sua restauração. Alimente a sua fé não os seus medos!

E você? Está vivendo nas sombras de seus sonhos destruídos, indagando o que fez para merecer tal dor e desapontamento?

Há um caminho para sair do inferno

Deixe-me encorajá-lo: independente do quanto você pensa que as suas circunstâncias possam ser ruins, há um caminho para sair do inferno – não há limites para o poder de Deus restaurá-lo. Começa com o arrependimento e o desejo de retornar ao ponto no passado em que você falhou para fazer novamente o teste. Depois de ter passado no teste, você se verá caminhando e falando de outra forma.

> Ok, já fiz a minha cabeça. Sei o que tocar e o que não tocar. Sei aonde ir e aonde não ir. Sei o que fazer e o que não fazer, aprendi com meus erros. Agora como faço para sair daqui? **Eu estou voltando!**

Não se surpreenda se Deus o enviar de volta para trazer boas notícias, esperança e libertação para outros como você! Ele fez isso com Geazi e seus filhos.

O que teria acontecido se os quatro leprosos tivessem ouvido a lógica ou tivessem dado ouvidos às suas memórias dolorosas e tivessem simplesmente usufruído de sua refeição particular e do tesouro encontrado?

Se a interpretação rabínica estiver correta, e aqueles quatro leprosos no portão eram Geazi e seus filhos, então, estou convencido de que eles não teriam sido curados se tivessem escolhido não passar pelo teste da prata e roupas.

A cidade e a nação teriam caído em destruição e seriam aprisionados muito antes do esperado. O exército sírio teria chegado cedo o suficiente para retornar e reclamar por tudo o que os leprosos tentaram retirar em segredo.

Os quatro leprosos responderam à questão: "Aonde vamos a partir daqui?" Quando tinham aprendido o caminho de volta, escolheram voltar e enfrentar o risco da rejeição. Eles marcharam de volta para sua cidade para compartilhar as boas notícias de Deus, e acredito que eles foram curados durante o caminho.

Novamente, deixe-me contar-lhe da forma mais resumida possível – estou falando sobre uma coisa que não sei. Não sei como Geazi foi restaurado. Mas acredito que ele foi. Esta é a prova definitiva de que Deus faz seu melhor trabalho em segredo. Providenciamos as pistas, dicas das Escrituras e opiniões rabínicas que pudemos encontrar; mas novamente, em uma análise final – Estou falando sobre algo que não sei. Tudo o que sei é seu destino final. Ele se curou na corte do rei, e...

O que acontece a seguir é quase inacreditável!

Capítulo 11

Atropelado pelas boas notícias!

Alguém está voltando – certifique-se de que é você!

Dê um passo atrás, cerca de 24 horas em nossa história. Três coisas aconteceram quase que simultaneamente. O antigo chefe de Geazi, Eliseu, o profeta, teve um interessante encontro com o rebelado rei de Israel.

Primeiro, o Rei Jorão estava tão furioso em relação ao caos e desespero que se abatia sobre a capital que atacou severamente o profeta Eliseu e colocou nele toda a culpa pelo fiasco da fome.

Ele jurou que teria Eliseu decapitado antes do pôr-do-sol, e enviou um mensageiro ou assassino para realizar a façanha. O problema que os reis tinham com os profetas do Velho Testamento era que os profetas tinham o hábito de ver e ouvir coisas que seus inimigos planejavam. Um homem prevenido vale por dois! Eliseu deu instruções de como se deveria lidar com o mensageiro e depois prosseguiu e fez um anúncio profético.

Naqueles dias, a rebelião desencadeada pela fome e pelo desespero havia induzido a sociedade samaritana a comer suas próprias crianças, e o profeta que os reis adoravam odiar, disse:

> Eliseu respondeu: "Ouçam a palavra do SENHOR! Assim diz o SENHOR: 'Amanhã, por volta desta hora, na porta de Samaria, tanto uma medida de farinha como duas medidas de cevada serão vendidas por uma peça de prata' ".[1]
>
> O oficial, em cujo braço o rei estava se apoiando, disse ao homem de Deus: "Ainda que o SENHOR abrisse as comportas do céu, será que isso poderia acontecer?" Mas Eliseu advertiu: "Você o verá com os próprios olhos, mas não comerá coisa alguma!"[2]

O profeta estava prevendo que durante a noite haveria o fim do problema de sete anos. O rei estava furioso por este instigante anúncio profético – mas estava também chocado por descobrir que o poderoso profeta Eliseu já sabia sobre o plano de assassinato e nem se importou!

Segundo, ao mesmo tempo, o leproso sem nome apoiou-se no muro de sua cidade natal sitiada, com seus pensamentos consumidos pela fome. Ele e seus meninos ainda estavam perdidos nas sombras dos esquecidos, vivendo sob a maldição sem esperança da lepra, e ele sentia que o tempo estava correndo.

Uma mãe e seu filho iam visitar o rei

Terceiro, muitas milhas além, a mulher sunamita e seu filho preparavam suas malas para sua viagem à capital da Samaria, acreditando com fé no que o velho profeta Eliseu tinha ouvido de Deus sete anos antes.

A mulher e seu filho retornaram de um país distante no tempo certo para reclamar sua terra e possessões e, como sempre acontece quando uma promessa é feita, eles correram para uma realidade no presente que diferia da promessa profética que eles tinham recebido.

Sua casa e terras haviam sido ocupadas, e outras pessoas estavam colhendo os frutos da terra e os recursos que na verdade pertenciam a ela e seu filho. Para essa mulher, a solução era simples. Ir ver o rei. Seus antigos amigos que ainda viviam em sua velha vizinhança provavelmente lhe disseram que estavam loucos.

Despreparado para a resposta repentina do profeta

O homem "em cuja mão o rei se encostava"[3], um oficial real e assistente pessoal do monarca samaritano, refletia perfeitamente a visão cínica de seu mestre sobre a vida. Talvez fosse por isso que eles se davam tão bem. Esse oficial sabia que o rei detestava quando o irritante e velho profeta começava a dispensar suas declarações indesejáveis – mesmo essa rara e positiva versão.

"O velho profeta deve ter ficado muito tempo ao sol durante o tempo da fome!", ele pensou, sem fazer nenhum esforço para esconder seu sorriso malicioso. Ele não podia fazer nada a não ser tentar endireitar o velho bobo com bom senso quando Eliseu disse: "A esta hora amanhã... cinco quartos de farinha fina custarão somente meia onça de prata... dez quartos de grãos de cevada por apenas metade de uma onça de prata".

Mas ninguém – incluindo o assistente do rei – estava preparado para a resposta inesperada do profeta.

"Você verá, mas não comerá!" O oficial do rei olhou com desprezo e fez o seu melhor para não rir da ameaça do velho vidente – primeiro, quem poderia acreditar em uma premonição tão estúpida sobre farinha barata e grãos em abundância depois de sete anos de estiagem? E segundo, se tal coisa ultrajante pudesse acontecer por alguma razão desconhecida, era insano supor que o homem mais próximo do rei poderia ver, mas não poderia comer qualquer dessas coisas!

Aquele oficial da corte na verdade tinha muitas evidências a seu favor. Mesmo as tendências lógicas e históricas davam suporte à sua afirmação de descrédito e cinismo em relação à previsão otimista feita por Eliseu. Não teria sido tão ruim se ele não tivesse tentado obstruir as "janelas dos céus" nesta equação. Não eram as janelas dele ou as do rei – ele não podia abri-las ou fechá-las. Mas Deus podia.

Esse era o Deus que abria úteros estéreis e provia o maná dos céus. Apenas um pouco de tempo antes daquele dia (sete anos ou menos), eles tinham visto o profeta de Deus liderar todo o exército do rei Ben-Hadad para Samaria, como se eles fossem uma nação de homens cegos! Ele deveria ter sabido, mas escolheu a arrogância e não a sabedoria.

O rei já tinha colocado sua mortalha

A restauração era pouco provável para Samaria. A cidade estava cercada por um exército poderoso e bem equipado que era liderado por um conquistador impiedoso. O rei possuía um total aparente de cinco cavalos que havia ficado em seu "estábulo real" e nenhuma comida para os poucos soldados ainda em condições.[4]

A cidade havia sido reduzida ao canibalismo, e o rei já estava vestindo sua mortalha. Temos de admitir a improbabilidade da restauração de Samaria.

Talvez você também sinta a improbabilidade de sua restauração. Quando a Palavra de Deus finalmente chega até você, ela fará com que algumas pessoas digam, "Você não pode ser restaurado se Deus abriu uma janela no céu!" Apenas diga a eles que coisas estranhas aconteceram antes!

As últimas palavras que o arrogante assistente do rei ouviu do profeta naquele dia foram: "Você o verá com os próprios olhos, mas não comerá coisa alguma!"[5] Então o velho profeta o dispensou como se não valesse perder tempo e continuou sua reunião com os anciãos de Israel – excluindo-se, naturalmente, o rei.

A longa noite começou e o rei foi ficando ainda mais agitado minuto a minuto. Talvez ele tivesse adormecido enquanto ainda estava vestido com sua mortalha quando os servos relutantemente o acordaram. O que mais poderia acontecer de errado?

Quando soube sobre os rumores que o guarda do portão havia contado sobre o fato de os sírios terem abandonado seu campo – sem nenhum motivo – todos os ossos de seu corpo lhe diziam que era apenas mais uma armadilha. O rei se levantou de noite e disse aos seus conselheiros: "Eu lhes explicarei o que os arameus planejaram. Como sabem que estamos passando fome, deixaram o acampamento e se esconderam no campo, pensando: 'Com certeza, eles sairão, e, então os pegaremos vivos e entraremos na cidade' ".[6]

Mesmo sabendo que o rei sírio estava pronto para alguma coisa, ele finalmente concordou em enviar alguém para checar os rumores ridículos sobre o exército ter abandonado o campo.

O sol estava no alto na hora que seus charreteiros retornaram com as inacreditáveis notícias.

Era verdade! O inimigo tinha ido embora e havia grande quantidade de comida disponível em seu acampamento.

Os leprosos que descobriram a vitória foram aparentemente esquecidos durante a milagrosa luta corpo a corpo que se seguiu...

O cínico estava evidentemente nervoso durante toda a noite

O cínico, o homem "em cujas mãos o rei se apoiava", deve ter ficado nervoso naquela manhã. Após confirmar as notícias da retirada do inimigo e a repentina abundância de comida, talvez ele tenha suspirado e aparecido para se animar. O velho profeta estava "meio certo" – até mesmo os profetas se perdem de vez em quando, ele pensou consigo. Acho que vou ficar por aqui para participar da festa que está chegando.

Quando o rei ouviu as notícias, talvez tenha mudado suas roupas e lançado sua mortalha no lixo, enquanto chamava pelo seu oficial de mais alta patente, o homem "em cujas mãos o rei se apoiava."

"Se tudo isso é verdade, então quando o anúncio for feito, as pessoas irão se debandar para obter a comida e o portão da cidade se transformará num caos. Precisarei de meu melhor homem lá – Quero que você desça para assistir à abertura do portão. Faça o anúncio sobre as notícias e abra oficialmente o portão – em meu nome, naturalmente. Certifique-se de que nenhum plano sírio está envolvido e mantenha a multidão em fila".

O moinho do rumor se abateu sobre o oficial do rei, as pessoas ouviram sobre a comida e os ricos pilharam o campo sírio abandonado. O portão da cidade era largo o suficiente para acomodar a fila de carroças, animais de carga, e pedestres que iam e vinham. Mas nunca foi projetado para receber milhares de pessoas correndo, se empurrando, desesperadamente. Pessoas famintas que não tinham comido havia semanas.

A Bíblia nos diz que na corrida louca através dos portões, "o homem em cujas mãos o rei se apoiava" foi esmagado, cumprindo-se a profecia de Eliseu. Algumas vezes aqueles que não acreditam nas promessas de Deus podem ser atropelados pelas boas notícias!

Você se lembra do dia quando, como Jó, as más notícias tiveram de esperar em fila para chegar até você? Haverá um dia em que as boas notícias vencerão seus inimigos! Seus críticos e adversários serão atropelados pelas boas notícias!

No dia seguinte, a capital de Samaria estava comendo bem e a economia estava se recuperando. Deus havia suprido as suas necessidades.

Você notou que há com freqüência alguma coisa como "as conseqüências de um milagre" na vida? Lembre-se: "Não acabou até que tenha terminado". Assim como os dias quando as notícias ruins chegaram à sua caixa de correio – as boas notícias ainda estão chegando.

Talvez o rei estivesse parado ao lado de seu trono no dia seguinte, pensando quem poderia substituir seu "braço direito." Nenhum candidato à altura vinha à sua mente; então ele mudou para outro tópico que o estava atormentando. Virando-se para um de seus empregados, mandou chamar o chefe vigia da noite do portão principal da cidade. Iniciou uma investigação oficial de como aquelas boas notícias vieram à tona.

"Agora, como tudo isso aconteceu?" perguntou o rei.

"Oh, bem. O senhor sabe que estávamos guardando a cidade como sempre. E aí aqueles rapazes apareceram e gritaram em nossa direção no meio da noite. Assim, acordamos o primeiro-ministro e ele foi verificar. Então ele veio acordá-lo. E o senhor disse, 'Tenha cuidado, é provavelmente uma armadilha.' "

"Quem te contou?" perguntou o rei.

"Bem, senhor, foram aqueles quatro leprosos, o senhor sabe, aqueles que sempre ficavam dependurados no portão. Eles são apenas mendigos amaldiçoados com a lepra. Foram eles que vieram naquela noite e nos contaram que o inimigo tinha ido embora."

"Leprosos ou não, quero falar com eles. Ache-os para mim. Agora!"

O comando real do rei iniciou uma busca pelos quatro leprosos que tinham salvo a cidade. Poderia ser que o time de busca do rei tivesse acabado de entrar em um problema que ninguém tinha antecipado?

Alguém viu quatro ex-leprosos?

O que aconteceria se o time de busca descobrisse que não importava aonde fossem, eles não encontrariam ninguém que tivesse visto quatro leprosos na cidade?

A cura da lepra não pode ter sido uma coisa comum. De qualquer maneira, como você encontraria quatro "ex-leprosos"? Ainda assim, muitos judeus se lembravam da lei que dizia que qualquer pessoa que sentisse que tivesse sido curada da lepra deveria reportar isso a um pregador para que a sua cura fosse confirmada.

Em termos bíblicos, se os homens estavam totalmente qualificados como curados sob a lei, o pregador poderia certificá-los depois de um período de quarentena, e liberá-los em oito a quinze dias. (A única coisa é que esses homens deveriam ficar afastados da população em geral por um período de tempo – eles deveriam raspar todo o cabelo, incluindo suas sobrancelhas e barbas[7]). Talvez tenha sido o tal pregador que guiou as pessoas que procuravam os leprosos na direção certa.

Pense no momento em que Geazi e seus filhos entenderam pela primeira vez que um milagre tinha acontecido em seus corpos. Que tipo de perguntas ele devem ter feito uns aos outros? Aqueles homens devem ter feito a si mesmos perguntas que eu e você faríamos.

Se foram curados, "da maneira como foram", assim como os leprosos do tempo de Jesus, então o momento em que eles se deram conta da mudança que aconteceu em seus corpos deve ter sido um drama interessante. Deixe-me especular.

Geazi, como pai e o mais velho membro do grupo, deve ter carregado uma tocha que tirou do acampamento sírio. Era noite. Seu único foco era o portão de Samaria, e cada um deles deve ter brigado com a decisão temerária de contar ao rei sobre sua descoberta.

Quando o portão alto se apresentou diante deles na noite antes do alvorecer, todos os quatro homens começaram a gritar e acenar.

"Hei, Alô! Alô! Acordem – temos boas notícias!"

Lembrem-se do enfadado vigia do portão que finalmente aparece com uma tocha; ele mal reconheceu as roupas distintas, identificando os quatro homens como leprosos. "O que vocês velhos leprosos querem?"

Geazi estremeceu ao ouvir o insulto, pensando, "você deve pensar que já estou acostumado com isso." Então ele anunciou suas boas notícias da retirada síria para o descrente guarda do portão. Enquanto isso, seus filhos faziam tanto barulho que ele mal podia se concentrar em sua mensagem.

O que ele não compreendeu foi que quando a tocha crepitante do guardador do portão iluminou os leprosos, um dos filhos de Geazi liberou um surpreendente suspiro. Movendo-se para a frente, ele empurrou de volta o manto que cobria a cabeça e a face de seu irmão.

"Hei, o que aconteceu com o seu nariz?"

Irritado com a interrupção, o irmão puxou seu manto de volta à posição e deu um passo à frente para ouvir mais de perto o diálogo de seu pai com o incrédulo guarda.

Esquecido, ele perguntou: "O que você quer dizer, 'o que aconteceu com meu nariz?' Você sabe que não tenho nariz há muito tempo. Você também não tem. A lepra também comeu o nosso nariz."

"Não. Ouça, você tem um nariz, e é melhor do que era. A cicatriz se foi, e também se foram as cicatrizes no seu rosto. Tudo se foi".

"Você bebeu muito daquele vinho sírio? Ninguém pode fazer crescer um nariz de volta! Deixe de bobagens. A coisa não está indo tão bem com este guarda mal-humorado."

"Olhe, eu não estou brincando. Não sei como isso aconteceu, não sei quando aconteceu, e definitivamente não sei por que aconteceu. Tudo o que sei com certeza é que aconteceu!"

"O que...?"

"Você tem um nariz!"

Quando o irmão chocado sentiu com excitação os contornos de sua nova face, a troca de idéias entre Geazi e o guarda tornou-se ainda mais animada.

"Você está delirando", disse o guarda. "Você não sabe sobre o que está falando..."

"Não, estou lhe dizendo! Os sírios se foram! E há comida para comer nas fogueiras abandonadas do acampamento! Há mais do que suficiente para toda a cidade! E está esfriando agora; você tem de contar ao rei. Corra!"

Dançando, pulando e gritando como um homem louco!

Quando Geazi se virou, lutando com seus sentimentos de frustração e crescente irritação pelo confronto com o Velho Rabugento, ele não podia acreditar no que seus olhos viam. Todos os seus três filhos tinham arrancado seus mantos e chutado as bandagens que normalmente envolviam seus pés e mãos. Na verdade, eles estavam dançando, pulando e gritando como loucos!

"Ela se foi! A lepra se foi! Pai, olhe para nosso rosto! Aqui, olhe para nossos pés! Conte: todos os dez dedos. E olhe para nosso nariz..."

Instantaneamente, as mãos trêmulas de Geazi tocaram sua face para confirmar o impossível. Sua desfiguração facial – pior do que a de seus filhos – tinha sumido completamente. Nenhum deles notou o guarda resmungão. Um pouco antes de ele partir em direção ao palácio do rei, ele parou por um momento e observou com um ar de interrogação em sua face o comportamento grotesco dos quatro leprosos loucos.

Quem sabe, mas talvez em algum lugar durante a excitação que se seguiu às notícias, o guarda ou seus assistentes tenham deixado o portão totalmente sem atenção em sua corrida para notificar os servos do rei. De alguma maneira, os leprosos escorregaram para dentro do portão e sumiram dentro da manhã, deixando suas inconfundíveis vestimentas em uma pilha do lado de fora do portão da cidade. Ninguém sabe com certeza, mas talvez possamos especular que aqueles leprosos estavam em uma missão de obediência – talvez eles tenham estabelecido um caminho para se apresentarem ao pastor para certificar sua cura impossível!

Dentro da mesma hora, as rodas das carruagens do rei passaram por cima da pilha de roupas deixada pelos ex-leprosos, em rota para investigarem a bizarra afirmação de que os sírios tinham abandonado o seu campo e escapado de volta pelo Rio Jordão.

Encontrando aquele em cujo braço o rei costumava se apoiar

Naquele mesmo dia, diante das conseqüências da debandada em massa, o velho e rabugento guarda do portão encontrou os restos destroçados daquele em cujo braço o rei costumava se apoiar. Ele encontrou o braço direito, literalmente.

Enquanto investigava a morte do confidente de sua corte e a incrível vitória, algumas questões pediam respostas. O rei convocou os assistentes da corte e interrogou o guarda do portão sobre os leprosos. Então, as pessoas que ele enviou, procuraram pela cidade até que encontraram os quatro ex-leprosos descansando em casa com a família que não viam havia sete anos.

Entretanto, já sabemos – em algum momento Geazi teria de ser levado à presença do rei, ou então, de que maneira ele teria ido parar lá? Quando os mensageiros levaram Geazi diante do rei, ele deve ter repetido suas perguntas. "Agora, como tudo aconteceu?" Geazi, muito alegre, começou a contar sua extraordinária história de restauração milagrosa...

No final da história, todos queriam apertar a mão recuperada do homem.

Os antigos reis de diferentes culturas e impérios geralmente ofereciam recompensas magníficas ou posições importantes de poder para glorificar os indivíduos que tinham salvado suas vidas, servido as suas nações ou realizado atos de bravura sem igual em nome do trono. Não seria diferente naqueles dias para o rei.[8]

"De que forma posso recompensá-lo? O que pode ser feito para dignificar o fato de que você e seus filhos arriscaram a vida para entrar no acampamento do exército sírio e depois retornaram pra compartilhar a descoberta da comida e dos suprimentos com nossa cidade em inanição? O que pode ser feito por vocês terem trazidos notícias tão boas?"

Enquanto observava a humildade de Geazi em resposta às suas perguntas, até mesmo o rei pensava se ele tinha encontrado um braço no qual ele pudesse alegremente se apoiar. Ele sugeriu uma brilhante solução que resolveria dois problemas de uma só vez.

Uma inesperada oferta de emprego devido a um infeliz acidente

"Ele tinha acabado de abrir uma inesperada oferta de emprego devido ao infeliz acidente no portão principal que havia acontecido mais cedo – ele precisava seriamente de uma pessoa em cujo braço ele pudesse se apoiar", um confidente para repor aquele que fora atropelado pelas boas notícias.

"Geazi, tenho uma inesperada oferta de emprego que seria perfeita para você". Sim, esta é a resposta. Escriba – escreva isso.

"No que diz respeito ao ex-leproso, Geazi, Jorão, rei da Samaria em Israel declara sua recompensa com um título especial e uma posição de importância."

"Você deve passar o resto de seus dias na corte do rei, servindo a minha presença real."

> ***Alguém está voltando – certifique-se de que é você!***

"Além disso, o rei decreta que você e sua família devem receber cuidados e subsídio real, incluindo vestimentas, prata e qualquer outra necessidade para o resto da vida. Todas as suas necessidades devem ser atendidas de acordo com as riquezas e glória do rei, doravante e para sempre."

De repente, Geazi está de volta! Não só em saúde, mas em posição também!

Alguém está retornando. O homem arrogante que Geazi substituiu cometeu erros que o levaram à morte. Você, com certeza, não quer cometer estes tipos de erro. O oficial do rei ouviu as boas notícias, mas porque ele rejeitou o que deveria ser aceito, ele foi atropelado pelas "boas notícias" e nunca conseguiu voltar. Evite tais erros e tome as mesmas decisões de Geazi, pois, de alguma forma, elas o levaram por todo o caminho de volta. Ele pulou no vácuo deixado pelo outro homem que não retornou.

Alguém está voltando – certifique-se de que é você!

Este pode ser um diálogo de ficção sobre um evento da Bíblia que aconteceu milhares de anos atrás, mas pode também representar uma pintura da bênção de Deus em sua vida! Se você faz o que agrada ao Rei, ele se certificará de que suas necessidades sejam atendidas! Você também pode estar na presença do Senhor na corte do Rei.

Capítulo 12

Adivinhe quem retornou com ele?

A restauração pode ser contagiosa

Um ato de generosidade de Deus parece ter apagado sete anos de dor indescritível. Imaginem Geazi na corte do rei, conversando, servindo e parecendo como se ele nunca tivesse sofrido de uma doença.

Vimos Jorão, rei de Israel, apoiando-se no braço de Geazi. Esse era, provavelmente o primeiro dia de Geazi no trabalho como um daqueles "com os quais o rei podia contar".

Então, o rei chega mais perto de Geazi e pergunta: "Agora, onde você trabalhou formalmente?"

"Costumava servir ao grande Profeta Eliseu."

"Ah, sim! Já ouvi falar dele. Aquelas histórias são todas verdadeiras? Conte-me uma história sobre Eliseu."

"Uma vez, Eliseu encontrou uma mulher sunamita que não tinha filhos e que pediu a seu marido que preparasse um lugar para o profeta morar. Acatando uma sugestão minha, ele orou para a mulher e profetizou que ela teria um filho. Esse filho nasceu exatamente como havia previsto Eliseu, e tudo correu bem até que muitos anos mais tarde o garoto repentinamente desmaiou enquanto estava nos campos com seu pai, e depois morreu nos braços da mãe."

"A mulher sunamita colocou o corpo sem vida de seu filho na cama do profeta e depois correu para encontrar Eliseu". Ele e eu estávamos no Monte Carmel. O profeta me mandou na frente com instruções para colocar a vara com a qual se apoiava ao lado do corpo do garoto morto, mas isso não funcionou.

"Finalmente Eliseu chegou, entrou no quarto onde estava o corpo e trancou a porta. Depois de orar pelo garoto, foram ouvidos barulhos de passos e depois ouvimos alguém espirrando sete vezes. Então, Eliseu me disse: 'Chame essa mulher sunamita'. E tudo o que ele disse a ela foi, 'Pegue seu filho' Seu filho que estava morto tinha sido trazido de volta à vida".[1]

Então o rei levantou os olhos e, de repente, ergueu sua mão para chamar a atenção de Geazi, e disse: "Espere um pouco, Geazi. Esta é uma ótima história – mas você terá de terminá-la mais tarde. Tenho que ouvir o próximo caso, agendado. É um caso de despejo".[2]

Geazi repentinamente terminou sua história, levantou os olhos, apenas para deixar escapar, "Ó rei meu senhor, essa é a mulher e este o seu filho a quem Eliseu ressuscitou".[3]

Uma manifestação divina

Estava nesta parte da narrativa bíblica em que a conexão de repente ficou clara para mim. O Geazi da história de sete anos atrás e o Geazi em quem o rei se apoiava eram a mesma pessoa. De que outra forma ele reconheceria aquela mulher?

Mais uma vez, deixe-me enfatizar o fato de que não sei como tudo isso realmente aconteceu. Ninguém na terra realmente sabe sobre essas coisas. Os detalhes da transformação milagrosa de Geazi e de sua restauração de uma vida de condenado e leproso, desprezado para a posição de assistente pessoal do rei de Israel são desconhecidos. É um segredo sobre o qual podemos apenas especular. O processo é desconhecido, mas o resultado é conhecido.

As verdadeiras etapas pelas quais Geazi passou "daqui" para "lá" estão envoltas em mistério. Somente o próprio Deus conhece os fatos sobre o surgimento de Geazi de uma vida miserável como leproso para oficial chefe da corte do rei.

O que compartilhei até agora são adivinhações educadas e suposições estudadas a partir de minha pesquisa pessoal e pensamentos de alguns proeminentes estudiosos e teólogos cristãos e judeus.

Não sabemos como ou quando a restauração aconteceu, mas sabemos que realmente aconteceu. Somente Deus teria feito ou poderia ter feito tal coisa.

Em um capítulo Geazi e seus filhos ficaram presos no inferno da lepra. Alguns capítulos depois ele aparece aparentemente livre de sua doença fatal, restaurado para uma posição superior e contando novamente a história de milagre que aconteceu com seu ex-mestre e a mulher e seu filho.

Talvez vocês estejam passando pelo que parece ser um futuro sem esperanças. Você pensa positivo, achando que Deus pode livrá-lo, mas continua tentando entender de que forma Ele o fará. Pare!

Pare de tentar adivinhar o que Deus fará!

Você está pensando, isso acontecerá desta maneira, ou daquela maneira, mas um processo restaurador totalmente inesperado pode estar rondando a porta dos fundos de sua vida.

Apenas uma nota de rodapé para aqueles que criticam ou sempre emitem opiniões pessimistas em sua vida: alerte-os de que é prudente evitar as portas de entrada, portões e outros caminhos ou passagens pelas quais sua promessa pode estar se deslocando! Pode ser perigoso permanecer na porta de entrada de uma promessa criada por uma obediência profética! Quando Deus abre a janela dos céus, boas notícias estão a caminho!

É sabido que alguns amigos descrentes são atropelados por boas notícias!

Dentro do prazo de um único dia, o nome de Geazi adquiriu o poder de abrir portas. Apenas 24 horas antes, seu nome fechava todas as portas que ele encontrava – incluindo o portão da cidade. Qualquer menção de seu nome gerava comentários depreciativos, zombaria e falência social.

Não havia espaço para que Geazi reentrasse na estrutura social de sua família ou no mercado de negócios, muito menos na corte do rei. Mas isso não é tudo – há ainda boas notícias a caminho!

Quando o derradeiro retorno trouxe a vida de Geazi de volta, adivinhe quem retornou com ele? Você deve saber que a restauração é algo contagioso!

A restauração pode ser contagiosa

Aqueles que o amam e se preocupam com você estão ligados às conseqüências de suas ações para o bem ou para o mal. Se você é abençoado, eles também serão, mas, se, infelizmente, for amaldiçoado, eles também sofrerão. Os primeiros da fila são geralmente os membros de sua família.

Vemos isso todos os anos. Os títulos das manchetes mostram inúmeras histórias em jornais, revistas e documentários de TV.

"Propriedades confiscadas"

"Fundos seqüestrados"

"Aposentadoria revogada"

"Multas arrecadadas"

"Prisão chegando!"

Muito poucos parecem ter pena daqueles que foram condenados de tais crimes, mas o que dizer das esposas inocentes, filhos e filhas que não sabem quase nada sobre as atividades do dia-a-dia de seus criminosos membros da família?

As pessoas que se unem para condenar influentes corretores de Wall Street, do Pentágono, do Vale do Silício e do Capitólio provavelmente sabiam muito pouco sobre as decisões ilegais feitas em salas de reuniões, quartos ou escritórios. Não importa – eles estão condenados a compartilharem as conseqüências de seus atos.

A esposa inocente e as crianças são freqüentemente arrastadas para o inferno quando a infidelidade arruína um casamento. O que dizer dos pais de alguém que é viciado em drogas? Como você acha que eles se sentem? Eles estão condenados a caminhar pelo inferno do vício geralmente por faltas que não são necessariamente geradas por eles. O quanto pode ser doloroso? Você pode contar algo parecido?

A Restauração pode ser contagiosa!

Independente de serem as conseqüências negativas provenientes dos resultados de suas ações ou se você é o inocente que acredita na restauração, eu tenho boas notícias!

Se você vive em arrependimento doloroso em função da maneira como os seus erros impactaram na sua vida, coloque-se no lugar de Geazi por apenas um momento – imediatamente depois de seu derradeiro retorno.

Pense na cachoeira emocional experimentada pela família de Geazi na noite em que ele apareceu na porta com seus filhos! A dor e o estigma de sete longos e dolorosos anos passados em constante preocupação sobre o futuro evaporaram em apenas um instante!

Imaginem o impacto que a restauração milagrosa de Geazi teve sobre seu portfólio financeiro familiar: depois de quase sete anos sem rendimentos ou sua presença em casa como pai e esposo, a família de Geazi de repente pôde desfrutar de suporte financeiro total do rei de Israel!

O sr. Geazi não teria mais de ser forçado a fugir dos mercados públicos para evitar a inevitável rejeição que as famílias dos leprosos e rejeitados sofriam. Nunca mais eles seriam forçados a submeter-se às centenas de pequenas injustiças e insultos que tinham suportado como uma "família condenada", vivendo sob a sombra de uma maldição pública.

Depois de sete anos do compartilhamento do peso e da dor da maldição de seu marido, alardeada nacionalmente, a sra. Geazi e sua família estavam começando a desfrutar dos frutos e benefícios da incrível restauração de Geazi.

Tendo experimentado seu milagroso retorno, todas as filhas de Geazi podiam agora prosseguir com seus planos de casamento. "Planejem seus casamentos, garotas! Papai está em casa!" (Antes da milagrosa volta de Geazi, qualquer plano de casamento tinha sido paralisado permanentemente). Quem gostaria de casar e passar a pertencer a uma família de leprosos?

O nome de Geazi foi restaurado para os arquivos espirituais da dignidade depois de sete anos de profanação como o "garoto do pôster" do crime e da traição egoísta da confiança profética. A restauração é algo realmente contagioso – quando Geazi surgiu novamente, o mesmo aconteceu com sua esgotada família.

Seus filhos, vítimas públicas durante sete anos da sina que apenas pertencia a seu pai, foram também restaurados da noite para o dia e passaram a ter saúde e uma presença pública positiva. Tornaram-se heróis instantâneos devido ao heroísmo de seu pai e à sua honrada escolha.

Quando você "retorna", sua família pode "retornar" com você!

Antes daquela noite, ninguém em Samaria gostaria de estar associado à família de Geazi, não só devido ao estigma religioso e social, mas também devido ao absoluto medo de contrair uma doença contagiosa apavorante.

De repente, todo mundo queria ter Geazi e sua família para jantar. Sua esposa era convidada para ser a palestrante principal na Liga Local das Mulheres Samaritanas, e Geazi provavelmente contratou uma secretária particular apenas para gerenciar sua lotada agenda de compromissos. As igrejas queriam ouvir o seu testemunho!

A transformação de Geazi deve trazer esperança

Os líderes religiosos se lembrariam da traição de Geazi por séculos e muitos diriam que ele nunca foi merecedor da restauração. "Ele traiu o Homem de Deus". Mas sua volta é real, embora seja impossível de ser totalmente explicada.

Se você está se sentindo destruído e desencorajado como algo que foi descartado, então a transformação de Geazi de leproso a amigo íntimo e confidente do rei deve lhe trazer esperança.

Deus deu a Geazi um progresso milagroso que abençoou sua família inteira.

Você está pronto para que um "retorno espiritual" entre em sua vida? Mesmo que você tenha conseguido acabar com o "Plano A" de sua vida, Deus tem um grande "Plano B" para você também! Ele pode fazer com que Romanos 8:28 se transformem em verdade em sua vida. "Sabemos que Deus age em todas as coisas para o bem daqueles que o amam, dos que foram chamados de acordo com o seu propósito".[4]

Deixe o louvor a Deus entrar em sua vida – não importa o quão escura e impossível ela possa ser no momento. Permita que El Shaddai, "o Deus Todo-Poderoso" – comece a preencher os espaços vazios.[5]

Troque a amargura de sua vida pela alegria do Senhor

Não importa o quão longe você pensa que está! Deus permite voltas de 180 graus! Pare de tomar decisões ruins. Comece a tomar decisões certas. Você está voltando!

Troque seu coração partido pela plenitude de Deus! Troque sua carência pela Sua fartura! Dê a ele o peso de sua dor amarga e eleve-se em Seu júbilo!

Uma coisa deve permanecer sobre todos os seus esforços de sobrevivência e abaixo de todos os seus medos, dor e sofrimentos. Deus ama você. Deixe-me dizer novamente. Deus realmente ama você.

Recentemente, quando pegava minha filha de 13 anos na escola eu lhe perguntei: "Como você está indo, grande garota?" Ela simplesmente suspirou e disse: "Tive um dia ruim, papai." Então ela me contou sobre tudo o que havia acontecido.

Abaixei-me para abraçá-la e disse: "Não se importe. É assim que as pessoas agem; é assim que elas são algumas vezes". Não consegui animá-la totalmente, porque ela ainda estava presa aos acontecimentos do momento. Era hora da última cartada, a oferta do último refúgio em tempos de crise.

"Você está com fome?"

"Sim, estou com um pouco de fome."

Rapidamente eu disse: "Você quer ir ao McDonald's?"

Ela olhou pra mim como se tivesse crescido um terceiro olho no sulco bem no meio de minha testa. Sua expressão facial basicamente dizia: É um milagre – é um verdadeiro milagre!

"Você vai mesmo me levar ao McDonald's?"

"Bem, eu não disse que ia comer lá com você, mas vou levá-la." (Sem querer ofender, mas eu não gosto de "fast food", especialmente do McDonald's. Quando tenho que ir até lá, rogo a Deus que me guarde!

"Você faria isso por mim, paizinho?"

Não era a comida, mas o amor por minha filha

Eu não me importava com a comida, mas eu amava minha filha! Eu não sabia do que ela precisava, mas queria ir a algum lugar, por mais que não me agradasse, e fazer algo que eu não tinha necessidade de fazer somente para estar com ela e ajudar a supri-la do que ela precisava!

(Isso me lembrava alguém que foi a um outro lugar ao qual ele não queria e fez algo que ele também não queria – Jesus supriu-nos de tudo o que precisávamos, mas não pôde fazer o mesmo para si![6])

Na verdade, Jesus supre todas as suas necessidades para que você retorne do medo, do fracasso, do desespero e da morte. O próximo passo é por sua conta. O primeiro passo de sua restauração é: você tem de dar o primeiro passo! Dê o primeiro passo agora.

Comece a marchar em direção às promessas de Deus – mesmo que você sinta que mal pode arrastar-se por uma vida cheia de erros, passos em falso e circunstâncias desafortunadas. A saúde pode ser sua!

Pule para fora das sombras de seus fracassos e medos. Comece sua jornada com um passo de obediência e prossiga com orgulho e adoração de maneira que Deus possa realizar o "milagre da volta" em sua vida!

A diferença entre o Plano A e o Plano B na vida de Geazi é tão incrível que não sabemos nem mesmo com certeza de que forma Deus trouxe o homem de volta aos registros bíblicos!

Se o "Plano A" estava funcionando para o profeta, então o "Plano B" era a corte do rei! É possível que Deus possa fazer o "Plano B" melhor do que o "Plano A"?

A boa notícia é que o resultado final é mais importante do que a jornada em sua vida. Sua vida não é tão longa. Quando você está "pra baixo", Deus está "pra cima"!

Não importa o quão séria tenha sido a sua falha com Deus ou com o homem, o Deus que vê o fim antes do começo tem um milagroso "Plano B" em estoque para você.

Se seus entes queridos parecem distantes, faça o que a mãe sunamita dos tempos de Eliseu fez – deite-os na cama das promessas de Deus e corra para a sua presença! Jesus orou para Pedro e ele retornou! Para que você está orando? (Lembre-se: a restauração pode ser contagiosa!)

Seus lugares obscuros precisam desesperadamente do poder da restauração de Deus. Tome coragem. Quando você tiver sido restaurado, você trará aos outros a restauração!

Deus usa pessoas comuns como você e eu. Ele insiste em usar um exército de heróis improváveis para que todos saibam que é Deus e não nós que estamos atuando!

A restauração pode existir até mesmo para o mais improvável! Deixe Geazi ser o seu guia. Deixe Sansão indicar o seu caminho.

Não é tarde demais para você – você um candidato para o derradeiro retorno!

Pare de se colocar "para baixo". Olhe para cima e acelere os passos. Uma reviravolta está chegando!

"Você pode me dizer de que forma Deus fará essa reviravolta?"

"Não."

"Deus pode realmente fazer tudo isso?"

"E mais."

"De que forma Ele fará?"

"Eu não sei, somente sei que Ele pode!"

Acredite e comece o seu derradeiro retorno agora mesmo.

Gostaria de ouvir a sua opinião.

Deixe-me saber de que forma este livro inspirou o seu próprio retorno.

Por favor, visite www.godchasers.ne/ultimatecomeback e compartilhe sua história comigo.

Tommy Tenney

A estrada para o derradeiro retorno

1. Conscientize-se de que o túmulo do fracasso pode transformar-se no ventre do sucesso.
2. Pare de olhar para o passado. Nunca deixe o passado definir o seu futuro.
3. Desenvolva uma mentalidade do tipo "não tenho nada a perder".
4. Deposite a sua vida na presença do Senhor para que ele possa lhe dar a sua vida.
5. A obediência é o pretexto de Deus para abençoá-lo.
6. Passe no teste quando ele surgir novamente.
7. Nunca desista. Você não pode perder se você não desistir.

Notas

Capítulo 1 – Você está demitido!

1. Jó 1:1
2. Mateus 5.45
3. João 11.44
4. João 11.43b
5. João 10.10b
6. Hebreus 11.32–33
7. Gálatas 6:7b
8. Não sei por quanto tempo Sansão foi forçado a trabalhar como um jumento humano, moendo milho em um moinho para o deleite do homem. Deve ter sido por um período de pelo menos um ano.

Capítulo 2 – A fábula da amendoeira

1. Salmos 23.4
2. Números 17.1–4
3. Números 17.4
4. Romanos 3.23

Capítulo 3 – Sinto–me descascada, desnuda e seca

1. Números 17.4
2. Números 17.7–8
3. 2 Pedro 3.8
4. Isaías 40.31
5. 2 Timóteo 4.7–8
6. Números 17:9–10
7. Hebreus 9.4
8. Êxodo 16.19–20
9. Êxodo 16.33–34
10. No livro Strong's Exhaustive Concordance of the Bible (*Concordância Completa sobre a Bíblia* de James Strong), (peabody, MA: Hendrickson Publishers, n.d.), Hebreus # 4931. Mishmereth, fem, de H4929; veja, i.e., o ato (custódia) ou (conr), *o sentinela, o mensageiro*; obj. *preservação,* ou (concr.) seguro; fig. Observância, i.e. (abstr.) obrigação, ou (obj) uso ou parte – obrigação, manter, ser mantido, missa, ritual, proteção, vigia, observar (palavras em itálico destacadas por mim)
11. Atos 19.13–17
12. Provérbios 18.10
13. Ver João 4.23–24
14. Ver Mateus 17.16, Marcos 9.18 e Lucas 9.40

15. A primeira questão do Catecismo Menor de Westminster diz "Qual é o principal objetivo do homem? O principal objetivo do homem é glorificar a Deus e apreciá-lo para sempre" (esse catecismo ou resumo menor da doutrina é usado pelos Presbiterianos de língua inglesa e também por algumas congregações Batistas e Congregacionistas). Fonte: www.reformed.org/documents/WSC.html.

16. Por exemplo, em Colossenses 4.11, Paulo lista em seu evangelho "Jesus, que é chamado Justo", como um de seus companheiros de trabalho.

Capítulo 4 – O capítulo "opa" da vida

1. 2 Reis 5.1
2. O câncer não é contagioso – nós é que tratamos suas vítimas como se fossem.
3. 2 Reis 5.3b
4. 2 Reis 5.4–5
5. 2 Reis 5.6–8
6. 2 Reis 5.9
7. 2 Reis 5.10
8. 2 Reis 5.11–12
9. Veja João 14.15 (uma ordem para todos nós: "Se me amais, guardai os meus mandamentos"), e Lucas 18.22 (uma ordem muito pessoal ou "prescrição espiritual" não especialmente necessária para ninguém mais no Evangelho, exceto para o "rico e jovem soberano", cuja vida foi construída sobre alicerces falsos de riqueza profana: "Ainda te falta uma coisa; vende tudo quanto tens, reparte–o pelos pobres, e terás um tesouro no céu; vem, e segue–me".).
10. 1 Samuel 15.
11. 2 Reis 5.13b
12. João 9.6–7 e Marcos 7.32–37 para exemplos dos métodos poucos usuais usados pelo Senhor.
13. 2 Reis 5.14
14. 2 Reis 5.16
15. Veja 2 Reis 5.17
16. 2 Reis 5.20
17. 2 Reis 5.21b
18. 2 Reis 5.22a
19. O livro "The New Living Translation" diz que um talento de prata é equivalente a aproximadamente 75 libras desse precioso metal. Arbitrariamente, $7,55 por onça (um pound = 12 onças ou 373,24 g.), 75 libras de prata são iguais a aproximadamente $ 6,795. Dois talentos de prata seriam iguais a aproximadamente $ 13,590 – uma grande fortuna para os padrões da antiguidade.
20. 2 Reis 5.24
21. No livro "Strong's Exhaustive Concordance of the Bible" (James Strong, *Concordância Completa sobre a Bíblia)* , Hebreu #6076, "ophel" de

H6075; turior; também morro ou colina, exemplo, forte, castelo, torre. 6075 "aphal"; elevar, ser presunçoso.
22. 2 Reis 5.25
23. 2 Reis 5.26
24. 2 Reis 5.27
25. 2 Reis 5.26b
26. 2 Reis 5.27a

Capítulo 5 – Este pode ser um ano miserável
1. 2 Reis 5.27
2. Josué 7 - história completa de Acã
3. 2 Reis 5.25-27
4. Lucas 10.18
5. Isaías 14.12-15, 24
6. 2 Reis 2.1-16; 3.4-34; 4.8-17; 18-37; 6.18-23
7. Levítico 13.45-46
8. Alguns estudiosos argumentam que a lepra no Velho Testamento foi mais um problema de julgamento divino por violação de rituais religiosos do que uma verdadeira doença física como a lepra que conhecemos hoje, chamada de hanseníase. (Todos parecem concordar que a lepra era uma terrível condição com péssimas conseqüências). Estou convencido de que a lepra dos tempos de Geazi era mais do que uma condição de imundice. (Por qual outro motivo um sírio contrairia esta doença?)
9. Números 12.12-13
10. Centers for Disease Control-CDC (Centros para Controle de Doenças), Divisão de Doenças Bacterianas e Micóticas (Division of Bacterial and Mycotic Disease – DBMD), "Doença hanseniana (Lepra) – Informações Técnicas" diz que 763,917 novos casos de lepra foram detectados no mundo em 2002, com 96 casos nos Estados Unidos.

Duas formas de Hanseníase são descritas, sendo a forma mais branda e limitada a pequenas áreas da pele que não ficam nem mais elevada nem mais baixa do que a pele ao redor, e perdem a pigmentação normal da pele.

A forma mais séria, a hanseníase multibacilar está associada a lesões simétricas da pele, nódulos, placas e envolvimento freqüente da mucosa nasal, resultando em congestão e sangramento contínuo do nariz.

O bacilo, *Mycobacterium leprae*, afeta a pele, nervos e as membranas mucosas. Cerca de dois milhões de pessoas estão inválidas permanentemente como resultado da doença de Hansen.

O mesmo relatório diz que "as pessoas que recebem o tratamento com antibióticos ou que completam o tratamento são consideradas livres da infecção ativa".

No próximo parágrafo, a CDC admite que a medicina não está totalmente certa sobre a maneira de contágio desta doença (acesse a

Internet,http://www.cdc.gov/ncidod/dbmd/diseaseinfo/hansens_t.htm).

Em outro estudo científico recente da World Health Organization (Organização Mundial de Saúde) e do CDC, a lepra parece estar avançando mais em nações do Terceiro Mundo onde a doença parece totalmente imune às tentativas de se criar vacinas ou tratamentos.

11. As Instruções de Levítico que foram dadas através de Moisés na verdade diziam que se uma pessoa estivesse completamente coberta com crostas brancas, então aquela pessoa estava ritualmente limpa e podia ser readmitida na congregação de Deus depois de um apropriado ritual de purificação (Levítico 13.12–13). Obviamente, este não era o caso de Geazi! Ele podia estar branco como a neve, mas a Bíblia diz claramente que ele era leproso. Dessa forma, ele deve ter também apresentado feridas inflamadas juntamente com as incrustações esbranquiçadas (Levítico 13.14–15). O profeta não estava disposto a dispensar um "tapa com luva de pelica" em seu servo traidor, e Geazi não respondeu como alguém que tivesse acabado de ser salvo da sentença de morte. Ele desapareceu dos registros bíblicos por pelo menos sete anos antes de reaparecer na companhia próxima do rei de Israel. O rei era um observador judeu que não teria nenhum contato próximo com um leproso ou até mesmo um ex–leproso tão famoso como Geazi – a menos que ele tivesse sido totalmente curado.

12. No livro Strong's Exhaustive Concordance of the Bible de James Strong (Concordância Completa sobre a Bíblia), Hebreus # 1522, Geazi, vale de um visionário; e # 6879, tsara, a prim. Raiz; castigar, ser atingido com a lepra.

13. 2 Reis 6.32

14. Estou pensando na fotografia judia de Geena – em Hebreu, "Ge-Hinnom", em grego, "Gehenna". Merril F. Unger, Unger's Bible Dictionary, 3ª. edição (Chicago: Moody Bible Institute of Chicago, 1987), com o título "Gehenna"; p. 394–95.

15. A história aparece em vários lugares, mas detalhes foram extraídos do Theology Today, vol. 40, No. 2, Julho 1983, "Gandhi: The Person and the Film", de Susanna Oommen Younger, uma indiana do leste graduada na Universidade de Madras e Kerala, e Princeton Theological Seminary, que agora vive em Dundas, Ontário. Acesso pela Internet no http://theologytoday.ptsem.edu/jul1983/v40–2–article5.htm.

Capítulo 6 – A alegria vem pela manhã

1. 2 Reis 8.3–4

2. Nosso senso de humor nesta passagem está direcionado unicamente para Geazi, cujas próprias ações o colocaram na difícil situação de lutar contra a lepra. Ainda assim, não trataríamos a situação com humor se a própria história de Geazi não tivesse sofrido uma reviravolta tão milagrosa. Não queremos de forma alguma rir à custa daqueles que lutam

contra problemas de saúde reais causados hoje pela doença de Hansen, ou qualquer outra doença debilitante com sintomas semelhantes.
3. Veja Romanos 11.25; Efésios 5.32; Timóteo 3.16
4. Isaías 46.9b-10a
5. 2 Reis 8.:5a
6. Marcos 10.13-15; João 12.20-22
7. 2 Reis 4.29
8. 2 Reis 4.36-37
9. 2 Reis 8.1-6
10. 2 Reis 15.1-5

Capítulo 7 – Deus realiza o Seu melhor trabalho em segredo
1. 2 Reis 5.27
2. Ester 6.1a
3. Ester 6.1a – Leia novamente o livro "Finding Favor with the King" se quiser capturar o poder absoluto, drama e consagração de Deus que permeia esse livro pouco compreendido da Bíblia.
4. Ester 5.9-14
5. Ester 6.1-4
6. Ester 6.1
7. Ester 2.21-23
8. Ester 6.3-11
9. Salmos 121.4
10. Salmos 30.5b
11. Ester 6.6
12. Veja Ester 6.8
13. Ester 6.9
14. Veja "Finding Favor with the King" para o restante da história por trás do espantoso resgate que Ester fez de seu pov, e para saber sobre o amargo fim de Hamã.
15. Ester 7.3-4
16. Ester 7.5b
17. Ester 7.6
18. Ester 7.8b
19. Ester 8.1-2
20. Deuteronômio 29.29
21. Ester 8.17b
22. Juízes 16.19-21
23. Juizes 16.26
24. Filipenses 1.21
25. Juízes 16.28b
26. Juízes 16.30
27. Se tudo isso parece uma guerra para os cristãos, Eu o convido a considerar a "razão pela qual o Filho de Deus apareceu" de acordo com João: foi para destruir os trabalhos do demônio (1 João 3.8). Somos cha-

mados a seguir as pegadas de Cristo. Não podemos duplicar sua morte na cruz, mas espera–se que façamos o trabalho que ele fez e ainda mais (João 14.12). Contudo, não lutamos contra pessoas porque nossos inimigos não são "de carne e sangue". Paulo disse que lutamos contra "as hostes espirituais da maldade, nos lugares celestiais (Efésios 6.12)".

28. João 11.43 (NKJV)

29. Uma "rhema" é uma palavra específica e pessoal da revelação de Deus. Jesus Cristo era o Logus, o corpo vivo de Deus, a "palavra transformada em carne", a "Divina Expressão" de Deus. Quando os dois se transformam em um só, as montanhas se movem, os doentes se curam e os mortos se levantam.

30. Atos 13.13

31. Lucas 9.62

32. Atos 15.37–41

33. 2 Timóteo 4.9–11 2; Timóteo 4.11: "porque é muito útil para o ministério."

34. Mateus 27.45–54; Marcos 15.33 e Lucas 23.44–48. A escuridão cobriu Jerusalém do meio-dia até as 3 horas nas últimas horas de vida do Senhor antes de sua morte na cruz. Três horas de escuridão na cruz, três dias na tumba e depois a ressurreição no terceiro dia!

Capítulo 8 – Uh–oh... tive um mau pressentimento

1. 2 Reis 5.21, 25
2. 2 Reis 8.4–5
3. 2 Reis 7.3 descreve "quatro homens leprosos" nos portões da cidade, e o versículo 8 descreve "esses leprosos" quando eles entram no campo sírio abandonado. Uma menção final aparece em 2 Reis 15:5 descrevendo de que maneira o Rei Jordão foi infestado pela lepra.
4. 2 Reis 7.3–4a
5. 2 Reis 8.1b
6. 2 Reis 6.25
7. 2 Reis 6.28–29
8. 2 Reis 7.3–4
9. Lucas 9.24
10. Filipenses 1.21
11. 2 Reis 7.4b–7
12. 2 Coríntios 12.10b
13. Juízes 8.10, que mostra que 120.000 caíram na batalha inicial (muitos como oponentes de Gideão atacaram uns aos outros e 15.000 foram capturados e assassinados mais tarde com seus líderes).
14. Apocalipse 1.18
15. 2 Reis 7.8
16. 2 Reis 7.9b

Capítulo 9 –Tenho boas e más notícias

1. 2 Reis 7.8b-9
2. Levítico 13.45-46
3. JewishEncyclopedia.com, artigo de Emil G. Hirsch (citando Sotah 47a), www.comeandhear.com/sotah/sotah_47.html
4. 2 Reis 5.23
5. JewishEncyclopedia.com, Hirsch.
6. Lucas 22.31-34
7. Mateus 26.69-75; Lucas 22.54-63
8. João 21.14-18
9. João 21.18-19

Capítulo 10 – Estou voltando

1. 2 Reis 7.9
2. Sabemos disso pelo sério tratamento que a lepra recebe nos escritos de Moisés, e especialmente quando Deus usou a doença no Velho Testamento para trazer a correção. Embora esteja convencido de que Deus não fez isso sob as leis do Novo Contrato, é discutível que tudo o que ele fez com Miriam, a irmã de Moisés, e Geazi foi para revelar no plano natural ou físico que tipo de doença espiritual estava na verdade trabalhando nos corações humanos. Paulo fez algo similar quando lidou com um caso de incesto na igreja de Corinto, dizendo: "Seja entregue a Satanás para destruição da carne, para que o espírito seja salvo no dia do Senhor Jesus." (1 Coríntios 5,5). Parece que o homem realmente se arrependeu e Paulo teve de encorajar a mesma igreja a perdoá–lo e a permitir que ele recomeçasse (2 Coríntios 2.6–9).
3. 2 Reis 5.23–27
4. Observaremos que Geazi e seus filhos tinham motivações positivas para fazer a coisa certa. Todos os quatro homens tinham membros da família que tinham sido deixados para trás quando a lepra os separou de suas famílias e de todas as formas da sociedade.
5. Lucas 17.11–14
6. 2 Reis 7.9–11
7. João 4.28–30
8. 2 Reis 7.9
9. 2 Reis 7.12

Capítulo 11 – Atropelado pelas boas notícias!

1. 2 Reis 7.1
2. 2 Reis 7.2
3. Idem
4. 2 Reis 7.13
5. 2 Reis 7.2
6. 2 Reis 7.12
7. Com base nas instruções do clérigo em Levítico 13 e 14, os homens

podiam ser examinados e colocados em quarentena por sete ou catorze dias, e depois podiam retornar no oitavo dia para que o pastor pudesse oferece sacrifícios para pronunciá–los cerimonialmente limpos.

8. Vemos esta prática com freqüência nas Escrituras Sagradas. Por exemplo: Daniel foi promovido para o segundo lugar abaixo do Rei do Império Babilônico, e depois abaixo dos reis Persas Dario e Ciro; Davi foi promovido a capitão dos exércitos israelenses por Saul e por Deus para o escritório do rei e profeta de Judá e Israel; José foi promovido ao segundo homem no comando abaixo do Faraó do Egito; e o primo de Ester, Mardoqueu, o Judeu, foi promovido ao segundo posto abaixo do Rei Xerxes da Pérsia.

Capítulo 12 – Adivinhe quem retornou com Ele?

1. Adaptado da narrativa de 2 Reis 4.8–37 e 8.1–5
2. 2 Reis 8.3–5
3. 2 Reis 8.5b
4. KJV
5. Gênesis 17.1 onde Deus se revelou pela primeira vez a Abrahão como "Deus Todo-Poderoso" (El Shaddai é a transliteração em hebreu para esse termo).
6. João 3.16

JUNTE–SE A NÓS

Adoraria estar em contato com você.

- *Atendimento on line:*
  www.godchasers.net
  Clique "Ministry partner" localizado no menu lateral
- *Pelo correio:*
  P.O.Box 3355
  Pineville, LA 71361
- *Por telefone:*
  (318) 442–4273

Junte–se ao Chase!

VISITE NOSSO WEBSITE: www.godchasers.net/ministryschool

Você gostaria de receber uma palavra diária de encorajamento de Tommy Tenney? Visite www.godchasers.net para instruções sobre como você pode receber pequenas e doces palavras inspiradores que podem exercer uma grande influência sobre você.

A ALEGRIA VEM PELA MANHÃ
Foi impresso em São Paulo/SP, pela RR Donnelley,
para Larousse do Brasil em julho de 2008.